Gottfried Kirchner

Terra-X
Expeditionen ins Unbekannte

Gräber, Gold und Geisterstädte

WILHELM HEYNE VERLAG
MÜNCHEN

HEYNE SACHBUCH
19/562

Dieser Titel beruht auf der Hardcover-Ausgabe *Schatzsucher, Ritter und Vampire*, erschienen im Wilhelm Heyne Verlag, und wurde für die Taschenbuchausgabe in zwei Bände aufgeteilt.
Der erste Band *Schatzsucher, Ritter und Vampire* ist ebenfalls im Wilhelm Heyne Verlag unter der Best. Nr. 19/468 erschienen.

Besuchen Sie uns im Internet: http://www.heyne.de

Umwelthinweis:
Dieses Buch wurde auf chlor- und säurefreiem Papier gedruckt.

Taschenbuchausgabe im Wilhelm Heyne Verlag
GmbH & Co. KG, München
Copyright © 1995 by Wilhelm Heyne Verlag GmbH & Co. KG, München
Printed in Germany 1998
Umschlagillustration: Bilderberg/Reiser, Hamburg
Umschlaggestaltung: Atelier Adolf Bachmann, Reischach
Herstellung: Andrea Cobré
Satz: DTP
Druck und Verarbeitung: Appl, Wemding

ISBN 3-453-13182-7

Inhalt

Helga Lippert
8 Karawane nach Petra
Ein versunkenes Königreich in Arabien

Dieter Großherr
82 König Salomos Goldland
Das Rätsel von Zimbabwe

Hajo Bergmann
152 Morgenlandfahrt
Expedition durchs alte Persien

219 Literaturverzeichnis

224 Über die Autoren

225 Bildnachweis

226 Register

**Das ist das Angenehme auf *Reisen*,
daß auch das Gewöhnliche
durch Neuheit und Überraschung
das Ansehen eines *Abenteuers* gewinnt.**

Johann Wolfgang von Goethe,
Italienische Reise, Neapel 9. März 1787

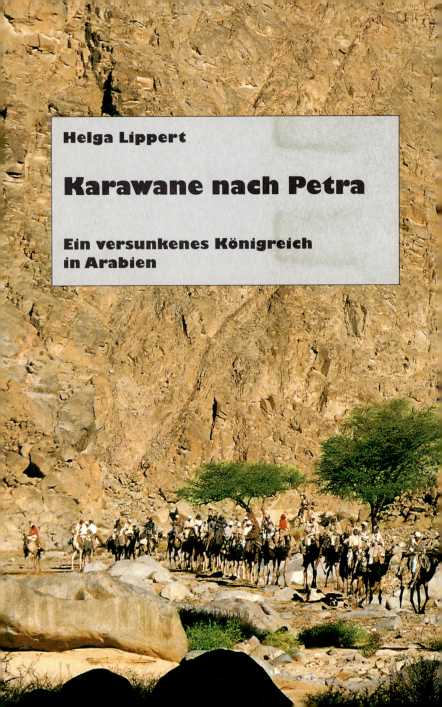

Helga Lippert

Karawane nach Petra

Ein versunkenes Königreich in Arabien

»Sheikh Ibrahim« entdeckt die Totenstadt

Im Sommer des Jahres 1812 tritt der achtundzwanzigjährige Schweizer Johann Ludwig Burckhardt von Aleppo in Nordsyrien aus eine lange Reise an. Ganz allein auf sich gestellt, will er auf dem Landweg nach Ägypten, zur damaligen Zeit ein gefährliches Abenteuer. Doch der junge Mann kennt die Sitten und Gebräuche des Orients wie sonst kaum einer, obwohl sein Lebensweg in einer großbürgerlichen Gesellschaft Europas begann. Am 25. November 1784 wurde Burckhardt als Sprößling einer angesehenen Baseler Kaufmanns- und Magistratsfamilie geboren. Den Sohn höheren Standes unterrichtete ein Hauslehrer. Nach Ausbruch der Französischen Revolution ging sein Vater, ein Gegner der Franzosen, ins Exil nach Deutschland und Österreich. Johann Ludwig studierte in Leipzig und Göttingen, um sich auf eine diplomatische Karriere vorzubereiten. 1805 kehrte Burckhardt kurzfristig nach Basel zurück, hatte dort aber wegen seiner antifranzösischen Haltung keinerlei berufliche Aussichten. So fuhr er vor der Verhängung der Kontinentalsperre nach England und trat 1808 in die Dienste der Gesellschaft *African Association*.

Zunächst lernte Burckhardt in Cambridge Arabisch, eignete sich medizinische Grundkenntnisse an und besuchte Vorlesungen über Chemie, Astrologie und Mineralogie. Dann erteilte ihm die Gesellschaft einen Auftrag: Er sollte die nordafrikanischen Wüstengebiete und den Niger erforschen, und zwar inkognito. Von Kairo aus, als Kaufmann verkleidet, sollte er sich einer Karawane anschließen und den afrikanischen Kontinent durchqueren.

Burckhardt verließ Europa mit dem Schiff in Richtung Türkei und reiste von dort mit einer Karawane weiter über Antiochia nach Aleppo. Er nannte sich »Sheikh Ibrahim Ibn Abdulla«, denn niemand sollte ihn als »Franken« erkennen. Tatsächlich sah er in Landestracht, mit geschlungenem Turban und eindrucksvollem Bart, wie ein Einheimischer aus. In Aleppo kannte nur der Konsul seine wahre Identität. Drei Jahre blieb der junge Forscher in Syrien. Aus Zeitvertreib übersetzte er den berühmten Roman *Robinson Crusoe* von Daniel Defoe ins Arabische, denn inzwischen beherrschte er diese Sprache perfekt. Auch sonst nutzte er die

Johann Ludwig Burckhardt als arabischer Sheikh. Englische Zeichnung von 1817

Zeit, unternahm größere Erkundungsreisen und lebte einige Monate bei den Beduinen. Er lernte große Teile des Korans auswendig und trat – nach eigener Aussage – zum Islam über. Der Orient hatte ihn fasziniert und in seinen Bann geschlagen. Endlich – im Jahr 1812, als in Europa die Armee Napoleons gen Moskau marschiert – bricht Burckhardt von Syrien aus nach Ägypten auf. Er wählt die noch unerforschte Route über Land, vorbei am Golf von Akaba und quer durch den Sinai. Unterwegs, im Gebiet östlich des Toten Meeres, hört er im Dorf Eldjin, dem heutigen Wadi Musa in Jordanien, von sagenhaften Altertümern. Seit die letzten Kreuzfahrer Ende des 13. Jahrhunderts die einsame Gegend verlassen hatten, war kein Europäer mehr dorthin gekommen.

Karawane nach Petra

Karawane nach Petra

Burckhardt will die Ruinen unbedingt sehen, aber er weiß, wie gefährlich das werden kann, denn er ist allein und ohne Schutz mitten in einer Wüste. Und er kennt den Charakter der Orientalen, die ihn schon in Syrien mehrfach bedroht und bestohlen haben. Auch die Beduinen von Eldjin sind dem Fremden gegenüber äußerst mißtrauisch. Sie halten ihn für einen Schatzsucher. Burckhardt fürchtet, zumindest an der Weiterreise nach Ägypten gehindert oder seines wenigen Geldes beraubt zu werden. Die größte Sorge des jungen Mannes aber gilt seinem wertvollsten Besitz, dem Tagebuch.

Dennoch heuert er einen Beduinen als Führer an, bezahlt ihn mit zwei alten Hufeisen und kauft noch eine Ziege. Burckhardt erzählt dem Araber, er wolle das Tier am Grab des Aaron opfern – für einen Moslem ein unverdächtiger Plan. Aaron, der Bruder des Mose, soll auf dem höchsten Gipfel der nahen Schera-Berge bestattet sein und Mose selbst im *Wadi Musa*, dem Mosestal, das Wasser aus dem Fels geschlagen haben – so die Überlieferung. Diese großen Gestalten aus der Bibel genießen auch im Islam hohe Verehrung. Mose, der die Israeliten aus Ägypten führte, nennen die Moslems *Musa*.

Was Johann Ludwig Burckhardt an jenem 22. August 1812 wiederentdeckt, faßt er später im nüchternen Stil eines Wissenschaftlers zusammen: »Diese Gegend ist wegen ihrer vielen Altertümer höchst merkwürdig, auch wegen der Ruinen einer alten Stadt. Meiner Meinung nach handelt es sich um das alte *Petra*, die einstige Hauptstadt des Steinigen Arabiens, ein Ort, der, soviel ich weiß, noch von keinem Europäer besucht wurde. In rotem Sandstein sieht man über 250 aus dem Felsen gehauene Grabmale, Mausoleen mit Obelisken, ein

---

Am Ende der Schlucht erscheint, wie durch ein Schlüsselloch, das *»Schatzhaus«*

Amphitheater, die Ruinen eines Palastes und mehrerer Tempel.«

Einer der Hauptzugänge nach Petra führt durch eine gewaltige, zwei Kilometer lange Schlucht, den *Siq*. Ein unvergeßliches Erlebnis, sich der antiken Stadt zu Fuß, auf dem Pferd oder in einer Kutsche auf diesem Weg zu nähern. Über 30 Meter hoch türmen sich ausgewaschene Felsen zu beiden Seiten des schmalen Pfades. Am frühen Morgen hüllen noch tiefe Schatten die steilen Wände ein. Nur auf die obersten Spitzen malt die Sonne ihre Lichter. In die Felsspalten krallen sich Grünpflanzen und Bäumchen. Es geht vorbei an Nischen mit Idolsteinen und kleinen Kultplätzen. Im Altertum brachten hier Reisende und Familien aus Petra den Göttern Opfer dar. Reste der alten Wasserleitung und das ursprüngliche Pflaster der Straße begleiten uns ein Stück.

Kurz vor dem Ende verengt sich der *Siq* noch einmal, als wolle er den Blick auf das Schönste, was Petra zu bieten hat, nur zögerlich freigeben: Wie durch ein Schlüsselloch schimmert uns die rote Fassade einer kunstvoll ausgehauenen Felswand entgegen. Und dann öffnet sich die Schlucht: Wir stehen vor *El Khazne*, dem »Schatzhaus des Pharao«.

So hat auch Burckhardt das antike Petra betreten und staunend vor dem Schatzhaus verharrt. Dann geht er in die leeren Innenräume, macht sich Notizen und fertigt eilig ein paar Skizzen an. Der Forscher nennt den Prachtbau »eines der schönsten Monumente des Altertums, ein Mausoleum, dessen guter Erhaltungszustand einen glauben läßt, das Gebäude sei eben erst fertig geworden«. Sein Führer drängt ihn weiter – vorbei am großen Theater, auch dieses ganz aus dem Fels gemeißelt. Auf dem Weg zum Stadtzentrum kann Burckhardt noch einige andere Gräber betreten; auch sie sind allesamt leer.

Am großen Tempel *Kasr el Bint Faroun*, dem »Schloß der Tochter Pharaos«, bedroht ihn der Beduine plötzlich. Wie al-

Karawane nach Petra

le Araber zu dieser Zeit, glaubt auch er, in den Ruinen seien Schätze versteckt. Generationenlang schossen die Einheimischen sogar immer wieder auf die steinerne Urne an der Spitze des Schatzhauses, da sie hofften, dem glücklichen Schützen würden Gold und Edelsteine zu Füßen fallen.

Auch für diesen Mann besteht kein Zweifel, daß Burckhardt ein Magier ist, dem die Reichtümer sogar durch die Luft folgen können. Die Situation wird brenzlig für den Europäer. So bricht er seine Arbeit ab und wandert weiter zum Berg des Aaron. Am Fuß des Gipfels opfert er tatsächlich unter den argwöhnischen Blicken des Beduinen die mitgeführte Ziege und verläßt Petra dann in Richtung Kairo.

Sein Tagebuch erschien 1822 in England unter dem Titel *Reisen in Syrien und dem Heiligen Land*, darin auch ein Kapitel über den kurzen Besuch in Petra. Es rückte die längst vergessene Felsenstadt mit einem Schlag ins Bewußtsein Europas.

Die ältesten Gräber in Petra: eine Festung der Toten

Engländer, Franzosen und auch einige Deutsche reisen schon bald darauf in das abgelegene Tal.

In der Folge erscheinen großformatige Prachtbände mit Holzschnitten und Lithographien als erste künstlerische Dokumentation; die meisten der Berichte haben jedoch keinen wissenschaftlichen Wert. Erst gegen Ende des Jahrhunderts – ab 1896 – beginnt eine ernstzunehmende Petra-Forschung. Und 1929 setzen die ersten Archäologen den Spaten an. Bis heute wird in der Totenstadt immer wieder gegraben.

Johann Ludwig Burckhardt, der Wiederentdecker der Ruinen, erlebte nicht einmal mehr das Erscheinen seines Buches. Nach seiner Ankunft in Kairo wartet er zunächst auf die große Karawane, mit der er den afrikanischen Kontinent durchqueren sollte. Doch niemand weiß, wann sie eintreffen soll. So reist Burckhardt im Frühjahr 1813 zunächst nach Oberägypten. In der Nubischen Wüste entdeckt er den im Sand versunkenen Tempel von Abu Simbel. Sein Weg führt ihn weiter übers Rote Meer bis hin zu den heiligen Stätten des Islam, nach Mekka und Medina, wohin er als Moslem pilgern darf.

Heftige Fieberanfälle und die Ruhr werfen ihn dort für ein Vierteljahr aufs Krankenlager. 1815 kehrt er geschwächt nach Kairo zurück. Das mörderische Klima und schlechtes Wasser haben seine Gesundheit ruiniert. Kaum ein Europäer überstand damals eine Reise nach Arabien. Burckhardt besucht noch das Katharinenkloster im Sinai und ordnet während der nächsten beiden Jahre in Kairo seine Aufzeichnungen. Der *African Association*, seinem Auftraggeber, berichtet er vom Geschehen in Ägypten, von Ausgrabungen und den Streitigkeiten zwischen britischen und französischen Archäologen.

Als die große Karawane endlich eintrifft und der langersehnte Aufbruch ins Innere Afrikas unmittelbar bevorsteht, erkrankt der Forscher infolge einer Vergiftung wieder an der

Ruhr. Er stirbt am 15. Oktober 1817 – wenige Wochen vor Vollendung seines 33. Lebensjahres. Auf dem arabischen Friedhof in der Nähe des alten Stadttores Bab el Nasr in Kairo kann man noch heute sein Grab sehen. Eine Gedenktafel würdigt ihn, der sich im Orient »Sheikh Ibrahim« nannte. Seinen eigentlichen Auftrag, den Niger zu erkunden, hat er nicht mehr ausführen können. Aber Johann Ludwig Burckhardt entdeckte in seinem kurzen Leben, das er – oft unter unsäglichen Strapazen – ganz der Erforschung des Orients widmete, mit dem Tempel von Abu Simbel und den Ruinen von Petra zwei bedeutende Stätten des Altertums. Sie wurden in Ägypten und Jordanien zur Sensation für die Archäologen. Heute zählen sie zu den touristischen Hauptattraktionen des Nahen Ostens.

Allein nach Petra kommen täglich einige tausend Besucher. Aus den Beduinen, die zu Zeiten Burckhardts jedem Fremden gegenüber so feindlich gesinnt waren, sind längst aufgeschlossene und geschäftstüchtige Kleinunternehmer geworden. Und seit sich durch den Friedensschluß mit Israel Ende 1994 die Grenze zum Nachbarland öffnete, strömen noch mehr Touristen ins Land. Die riesige Felsenstadt gleicht einer belagerten Festung.

Keiner, der je dort war, blieb unbeeindruckt. »Petra« – bei diesem Wort beginnen die Menschen zu schwärmen wie jener Archäologe, der euphorisch schrieb: »Mit einem Griff nach dem Herzen merkt man, daß dies einer der großen Augenblicke des Lebens ist.«

Als »Totenstadt im roten Fels« wurde Petra weltberühmt. Doch kaum jemand kennt seine Könige oder das Volk, das vor mehr als 2000 Jahren die großartigen Gräber schuf: die Nabatäer. Diese begabten Planer, Ingenieure und Baumeister haben sich still aus der Geschichte gestohlen.

Abrahams Enkel:
Der Urvater von Petra?

Ebenso leise betraten die Nabatäer auch die Bühne des Weltgeschehens. Über ihre Frühzeit wissen wir so gut wie nichts. Vermutlich wanderten sie um die Mitte des 1. Jahrtausends v. Chr. aus dem Inneren Arabiens in das Gebiet zwischen Totem und Rotem Meer ein und setzten sich in Petra am Wadi Araba im heutigen Jordanien fest. Eine eigene Darstellung ihrer Geschichte ist uns nicht überliefert. Selbst unter Tausenden nabatäischer Inschriften gibt es keinen historischen Text, der zum Beispiel von einer Schlacht oder einem Sieg erzählt. Erwähnt wird lediglich die Genealogie ihrer Könige zum Zweck der Datierung.

Nur die Schriften anderer Völker streifen gelegentlich die Nabatäer. So die Bibel und antike Autoren des 1. Jahrhunderts v. und n. Chr. – wie die griechischen Geschichtsschreiber Diodorus Siculus und Strabo, aber auch der jüdische Schriftsteller Flavius Josephus. Als man im vorigen Jahrhundert begann, vor allem das Alte Testament historisch und archäologisch zu interpretieren, setzte man die Nabatäer aufgrund der Namensähnlichkeit mit den Söhnen Nebajots gleich. Die treten in der Bibel aber nur in der Patriarchengeschichte auf und werden sonst nie mehr angesprochen. Nebajot ist der Enkel Abrahams, des Urvaters der wichtigsten arabischen und jüdischen Stämme. Demnach wäre die älteste Spur der Nabatäer zwischen 1800 und 1600 v. Chr. zu suchen, also rund 1000 Jahre früher, als jede andere Quelle annimmt.

Aber in der Schreibweise der semitischen Sprachen, die nur Konsonanten kennen, besteht zwischen *Nabatu* – wie sich die Nabatäer selbst nannten – und *Nebajot* ein bedeutender Unterschied. Daher akzeptieren viele Vertreter der kritischen Bibelwissenschaft eine solche Gleichsetzung nicht.

In Keilschriften der Assyrerkönige des 7. Jahrhunderts v. Chr. tauchen in Berichten über Strafexpeditionen gegen aufsässige Stammesfürsten in der syrischen Wüste die *Nibaati* und *Nabaitai* auf. Diese Namen seien dagegen mit Sicherheit vom biblischen *Nebajot* abzuleiten, so die Ansicht von Experten.

Das bedeutet: Die Nabatäer, die *Nabatu*, haben nichts mit Nebajot zu tun; sie erscheinen aber plötzlich als eigenes Volk in der gleichen Region wie die *Nibaati* oder *Nabaitai*; und die wiederum könnten vom Enkel Abrahams abstammen. Eigentlich eine eher unwahrscheinliche, rein linguistische Interpretation, die weiterer Klärung bedarf.

Nomaden, Räuber, Handelsherren

Wenn der Stammvater der Nabatäer auch umstritten bleibt, wissen wir doch einiges über ihre frühen Lebensgewohnheiten: Sie zogen als Beduinen durch die unendlichen Weiten Arabiens – von Oase zu Oase, immer auf der Suche nach Nahrung für ihre Kamele und immer auf der Hut vor den Überfällen feindlicher Stämme. Ein rauhes Dasein, geprägt von Hungersnot und Wassermangel. »Alles, was der Beduine zum Leben braucht, verschaffen ihm seine Herden, oder er muß es stehlen«, sagt ein arabisches Sprichwort. So gehörte der Raubzug – das arabische Wort *al ghazwa* hat sich bis heute in »Razzia« erhalten – gegen fremde Herden, Nachbarstämme und ihre Weidegebiete zur Tagesordnung bei den kriegerischen Nomaden; zum Gewohnheitsrecht, zum ungeschriebenen Gesetz der Wüste.

Auch Diodorus Siculus erzählt davon: »Die östlichen Gegenden bewohnen Araber, die Nabatäer genannt werden. Sie haben ein teils ödes, teils wasserloses Land, das nur zu einem geringen Teil fruchtbar ist. Sie führen ein Räuberleben und fallen häufig auf Raubzügen in das Nachbarland ein. Für diejeni-

Beduinen aus dem Wadi Ram

gen, die das nicht kennen, ist es nützlich, auch etwas eingehender die Lebensgewohnheiten dieser Araber darzulegen, durch deren Einhaltung, wie man annimmt, sie sich ihre Freiheit bewahren. Sie leben im Freien. Einige züchten Kamele oder Schafe, die sie in der Wüste weiden lassen. Es ist weder ihre Art, Korn anzupflanzen noch früchtetragende Bäume zu setzen, noch Wein zu trinken, noch irgendwelche Häuser zu bauen, und sollte jemand gegen diese Regel verstoßen, so würde er mit dem Tode bestraft.«

Diodorus beschreibt hier einen typischen Beduinenstamm. Nicht, weil diese Menschen faul sind, ist das Aussäen von Korn untersagt, sondern weil sie das für Monate an ein bestimmtes Gebiet binden würde, um die Ernte abzuwarten. Später, als das Nabatäerreich in Blüte steht, sind diese Gebote aufgehoben.

Der griechische Schriftsteller bezieht sich auf das 4. Jahrhundert v. Chr., als die Nabatäer schon erfolgreich den Karawanenhandel betrieben: »Obwohl es zahlreiche andere Araberstämme gibt, die die Wüste als Weide nutzen, übertreffen die Nabatäer sie bei weitem an Reichtum, auch wenn sie nicht viel mehr als zehntausend zählen; denn nicht wenige sind gewohnt, Weihrauch und Myrrhe und auserlesene Gewürze zum Meer hinunterzubringen; Produkte, die sie sich von jenen beschaffen, die diese Waren aus der sogenannten *Arabia Eudaemon* – das heißt aus dem ›Glücklichen Arabien‹ – bringen.«

Die Beteiligung am Karawanenhandel erhob die Nabatäer über alle Stämme und legte den Grundstein für ihr Reich *Arabia Petraea*. Zu Anfang überfielen sie ganz einfach die Händler auf dem Zug durch die Wüste und machten reiche Beute. Dann gaben sie gegen hohen Tribut den Karawanen sicheres Geleit; deren Führer zahlten horrende Summen, um die Ladung sicher ans Ziel zu bringen. Allmählich übernahmen die Nabatäer ab dem großen Umschlagplatz Hegra im heutigen Saudi-Arabien die Geschäfte dann in eigener Regie.

Ein Wüstenschiff zum Überleben

Nicht nur der Fernhandel, ein Leben in der Wüste überhaupt wäre ohne das Kamel nicht möglich gewesen. Seit etwa 4000 Jahren domestiziert der Mensch das Dromedar, das einhöckrige Kamel, und nutzt es als Reit- und Lasttier. Darauf basiert die Entstehungsgeschichte der arabischen und später auch der islamischen Kultur.

Keine andere Kreatur hat sich ihrem Lebensraum so perfekt angepaßt wie das Kamel. Seine schlitzförmigen Nüstern schließen sich bei Sandsturm. In der Nase sitzt eine Klimaanlage. Sie saugt den Wasserdampf der ausgeatmeten Luft an und verwendet ihn zur Kühlung von Blut, Augen und Gehirn.

Mit der gespaltenen Oberlippe kann das Dromedar dornige Zweige abreißen und dank des großen Speichelflusses im Mund ohne Verletzung zermalmen. Lange Wimpern, starker Tränenfluß und die Behaarung verhindern das Eindringen von Staub und Sand in Augen und Ohren. Knie, Ellenbogen und Brustbein haben schildförmige Verdickungen, um beim Sitzen die Gelenke zu schonen und die Bodenhitze von der Bauchhöhle abzuhalten. Beim Gehen schützt eine dicke Hornschwiele an der Sohle auch vor scharfkantigen Steinen. Der lange Hals funktioniert beim Aufstehen mit großer Last wie eine Balancierstange.

Entgegen weitverbreiteter Meinung speichert das Tier in seinem Höcker kein Wasser. Er ist vielmehr ein in guten Zeiten angelegtes Fettreservoir. Wenn das Dromedar in Notsituationen diese Energiereserve anzapft, wird dabei auch das im Fett chemisch gebundene Wasser freigesetzt. Die roten Blutkörperchen können sich auf das Zweihundertfache ihres normalen Volumens aufblähen; dadurch nehmen sie zusätzliche Flüssigkeit auf. Auch Nieren, Blase und Darm sind darauf ausgelegt, in den Organismus möglichst viel Wasser zurückzuführen. Ein Kamel verliert nur ein Drittel der Wassermenge, die andere Säugetiere abgeben.

Es ist gleichermaßen unempfindlich gegen Kälte und Hitze, weil sich seine Körpertemperatur der Außentemperatur anpaßt. Erst wenn das Thermometer auf über 40 Grad Celsius ansteigt, beginnt auch das »Wüstenschiff« zu schwitzen. Es kann sich sogar in einen kontrollierten Fieberzustand bei 42 Grad Celsius versetzen, um weiteren Wasserverlust zu verhindern. In trockenen Zeiten begnügt sich das Kamel mit dürren Halmen, Gräsern und Dornen. Findet es saftiges Pflanzenfutter, kann es wochenlang ohne Wasser auskommen, dann aber in einer Viertelstunde 200 Liter saufen, sogar Brackwasser. Bei mehr als 50 Grad Hitze muß es allerdings jeden vierten oder fünften Tag getränkt werden.

Karawane nach Petra

Das Dromedar ist somit ein wahres »Wunder der Natur«, das den Beduinen alles lieferte, was sie zum Leben in der Wüste brauchten. Seine Milch war lange Hauptnahrungsmittel der Beduinen; das Kamelhaar ersetzte die Wolle. Der getrocknete Mist war ein idealer Brennstoff und diente als Wärme- und Energiespender in kalten Nächten und am Lagerfeuer. Die Haut wurde zu Gebrauchsgegenständen des täglichen Lebens verarbeitet. Schnelligkeit und Ausdauer, Genügsamkeit und Geduld, zusätzlich die Eigenschaften von Rind, Schaf und Pferd – all das machte das Dromedar für Jahrhunderte zum unersetzlichen Gefährten der Beduinen. So entwickelte sich die enge Schicksalsgemeinschaft von Mensch und Tier.

Die Nüstern des Kamels bilden eine »Klimaanlage«

Aber auch die Poesie, das Größte, was die altarabische Kultur hervorgebracht hat, entstand während langer, einsamer Ritte auf dem Rücken der Kamele. Das klassische Versmaß der arabischen Literatur ist dem wiegenden Gang der Tiere angepaßt. Die berühmteste Form – ein endloses Reimgedicht, so endlos wie die Wüste. Sein Mittelteil, der sogenannte »Kamelritt«, ist dem Lob des Reittiers gewidmet:

Mein Kamel, ein Blitz,
das schönste aller Tiere,
sagt mir, indem es mir den Kopf zuwendet,
den Kopf, mit Haaren weich wie Seide:
ich beklage dich, weil du leidest,
aber auch ich kenne diesen Schmerz.

Die Zuneigung der Beduinen zu ihrem kostbarsten Besitz wurde sogar Bestandteil der arabischen Sprache. Das Wort »Kamel« – arabisch *al gamal* – steht sinngleich für Schönheit, Zuneigung, Verehrung und Bewunderung. Die sprachliche Wurzel für »Kamel« und »Schönheit« ist dieselbe.

160 Namen gibt es im Arabischen für das Kamel – je nachdem, ob es sich um ein junges oder ein altes, ein männliches oder ein weibliches, ein braunes oder ein weißes, ein Reit- oder ein Lasttier handelt. Keine andere Kultur kennt so viele Spruchweisheiten und Redensarten, die um dieses Tier kreisen. Es symbolisierte nicht nur Reichtum und Besitz; vielmehr war es Mittelpunkt des Lebens, Existenzgrundlage der Großfamilien, Richtschnur der sozialen Ordnung, Strafmaß für jedes Vergehen – ob Diebstahl, Raub oder Mord. Das Kamel setzte Maßstäbe für Zeit und Raum. Die Dauer einer Reise zählte man nach Kameltagen – etwa 20 Kilometer pro Tag; das Gewicht nach der Last, die ein Tier tragen kann – auf langen Strecken rund 150 Kilo; der Tag zerfiel in die beiden Melkzeiten, die Hochzeitsgabe handelten die Männer in Kamelen aus. Wurde ein Kind geboren, hieß die Glückwunsch-

formel »Gesegnet sei der Kamelhirte«; verstieß der Ehemann seine Frau, genügte der Satz: »Dein Leitseil ist auf deinem Widerrist.« Das hieß: »Du kannst gehen«; starb ihr Mann, klagte die Witwe: »*ya gamali* – o du mein Kamel«; das bedeutete »du mein Gefährte, mein Leben, meine Stütze«. Familienvater, Ernährer, Gatte, Freund und Geliebter umschrieb man in der Dichtung häufig mit »Kamel«. In Europa geben wir dem Kamel meist negative Attribute wie »dumm« oder »blöde« – aus Unkenntnis über seine Fähigkeiten und Leistungen, mit denen es zur Entwicklung der arabischen Kultur beigetragen hat. Doch auch im Orient führt das Wüstenschiff aufgrund der gesellschaftlichen Veränderungen – Motorisierung, Landflucht und Verstädterung – inzwischen ein eher trauriges Leben. Meist dient es nur noch als Maskottchen für Touristen oder nostalgischen Reisenden auf ihrer Suche nach einer Welt, die längst versunken ist.

Weihrauch, Myrrhe und Balsam

Die Nutzung des Kamels durch den Menschen zog die Entstehung der großen Karawanenstraßen nach sich. Vor allem die Weihrauchstraße, die Südarabien mit dem Mittelmeer verband, hatte jahrhundertelang größte Bedeutung. Man konnte zwar schon mit den Monsunwinden nach Indien segeln, aber noch nicht gegen den Wind kreuzen; deshalb war das Rote Meer in früher Zeit nicht schiffbar, und der gesamte Handel lief über Land.

In den Häfen des »Glücklichen Arabien« landeten die Waren aus Indien und vermutlich auch schon aus China an: Gewürze, Spezereien und Seide. Zusammen mit dem hochbezahlten Weihrauch aus dem heutigen Jemen und Oman, dem »Weihrauchland« der Antike, traten sie auf dem Rücken der

Kamele die weite Reise gen Norden an. Die Weihrauchstraße ging durch Saba und Mekka nach Hegra. Dort richteten die Nabatäer einen großen Umschlagplatz ein und übernahmen die kostbaren Ladungen. Sie kontrollierten den weiteren Verlauf der Handelswege nach Norden. In den Mittelmeerhäfen verkauften sie die Güter mit einem Aufschlag von 100 Prozent weiter – ein lukratives Geschäft.

Nicht umsonst hatten sich die erfolgreichsten Spediteure der Antike in Petra festgesetzt, denn dort liefen alle Routen zusammen. Der alte Königsweg führte von Damaskus nach Alexandria – über Petra, wo sich auch die Weihrauchstraße in verschiedene Richtungen verzweigte: nach Norden über Damaskus bis Antiochia, im Westen zu dem bedeutenden Ausfuhrhafen Gaza und über die Halbinsel Sinai nach Ägypten. Vom Mittelmeer wurden die Güter auf Schiffen nach Athen und Rom transportiert.

Mehr als drei Monate dauerte der beschwerliche, 2500 Kilometer lange Marsch von den Häfen Südarabiens zu den Küsten des Mittelmeers – durch endlose Sandwüsten, über steile Gebirgspässe. Mensch und Tier hatten gemeinsam größte Strapazen zu bestehen: glühend heiße Tage und bitterkalte Nächte, karge Nahrung und Wassermangel, Sandstürme im Sommer und Überschwemmungen im Winter. Fünfundsechzigmal mußten die Waren bis Gaza umgeladen werden. Doch märchenhafte Gewinne entlohnten die Nabatäer für ihr entbehrungsvolles Leben.

Aus dem räuberischen Nomadenstamm entwickelte sich mit der Zeit ein geachtetes Handelsvolk. Aber nicht nur das – was diesen Arabern über Jahrhunderte die Unabhängigkeit von den wechselnden Großmächten der damaligen Welt sicherte, war das Handelsmonopol auf die begehrtesten und teuersten Waren der Antike: Weihrauch, Myrrhe, Balsam und Naturasphalt.

Schon seit Urzeiten benutzen die Menschen in der ganzen

Welt ätherische Öle und Edelharze bei kultischen Zeremonien und auch im häuslichen Bereich. Man liebte den Wohlgeruch, schätzte Parfüms und Räucherwerk – Mischungen aus Weihrauch, Myrrhe, Balsam, Zimt oder Aloë, dem dunkelbraunen, duftenden Harz aus den fleischigen Blättern eines Liliengewächses.

In einem Text des Alten Testaments warnt ein Weiser vor dem »fremden Weib«, das den Unerfahrenen umgaukelt und verlockt: »Mit Decken bedeckte ich mein Bett, mit buntgestreiften Tüchern aus Leinen. Ich besprengte mein Lager mit Myrrhe, Aloë und Zimt.« Der Bedarf an diesen Aromastoffen war oft größer als der Nachschub, den man beschaffen konnte, denn die Pflanzen wuchsen nur in sehr begrenzten Regionen. Das trieb den Preis in die Höhe, und außerdem erhoben alle Stämme und lokalen Herrscher auf dem weiten Weg von Südarabien bis zum Mittelmeer saftige Schutzzölle.

Zu Zeiten der Nabatäer kam der Balsam aus Mekka und aus den berühmten Gärten von Jericho. In bestimmten Monaten des Jahres schnitt man die Rinde der fünf bis sechs Meter hohen Sträucher an. Aus der Wunde träufelte der Balsam. Er ist dickflüssig, honigartig, wachsgelb bis rotbraun und wohlduftend. Seine ätherischen Öle und die darin gelösten Harze waren für die Orientalen zunächst als Medizin unentbehrlich, und zwar als schweiß- und harntreibendes Mittel, aber auch gegen Schlangenbisse und Skorpionstiche. Hauptsächlich verwendete man den Stoff jedoch zu Salbungen. Die römische Kirche übernahm später diesen Brauch. Mekkabalsam ist heute ganz aus dem Handel verschwunden, und auch in Jericho wachsen die Sträucher nicht mehr. Inzwischen liefert Peru das Salböl.

Die Myrrhe ist ebenfalls ein Balsamharz, das als halbflüssige Masse aus den verwundeten Stämmen und Ästen des Myrrhebaumes ausgeschwitzt wird. Seine Heimat sind die Bergländer Südarabiens. Der gelblich-milchige Saft trocknet

Karawane nach Petra

schnell und formt sich zu Klümpchen von unterschiedlicher Größe. Beim Erwärmen verbreitet sich ein aromatischer Geruch. Myrrhe wirkt heilend auf Wunden und wird heute noch bei Zahnfleischentzündungen verordnet. Die Kosmetikindustrie verarbeitet den Stoff als Grundsubstanz für Mund- und Zahnpflegemittel.

Das Reich der Nabatäer zur Zeit Christi

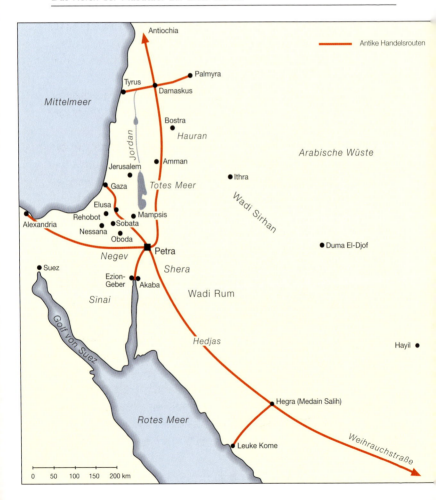

Im Altertum mischte man Myrrhe oft mit Weihrauch, dem Ausscheidungsprodukt des Weihrauchbaumes. Er ist ungefähr sechs Meter hoch und wächst im südarabischen Hadramautgebirge. Aus seinen Ästen fließt nach dem Anschneiden ein milchiger Saft, der an der Luft in Tropfen- oder Tränenform erstarrt. Kleinere Mengen dienten früher zum Herstellen blutstillender Salben und Zahnpasten. Vor allem wurde Weihrauch aber als Räuchermittel verbrannt. Sein feiner Wohlgeruch strömt in der Antike praktisch durch alle Tempel, Paläste und Privathäuser – ein wahrer Exportschlager also. Allein nach Rom lieferten die Nabatäer jährlich 1500 Tonnen Weihrauch, das sind etwa 10 000 Kamelladungen im heutigen Wert von mehr als zwei Milliarden Mark.

Weihrauch und Myrrhe, so erzählt die Bibel, brachten die Könige aus dem Morgenland als kostbare Gabe dem neugeborenen Jesus nach Bethlehem.

Der Weihrauch war so wichtig und kostspielig, daß die Ägypter versuchten, den Baum im Nilland anzupflanzen – ohne Erfolg. Auch den Römern gelang es später nicht, das Gewächs in Italien heimisch zu machen.

Naturasphalt für Königsmumien

Einen anderen teuren, weil sehr seltenen Rohstoff verkauften die Nabatäer fast ausschließlich nach Ägypten: Naturasphalt aus dem Toten Meer. Flavius Josephus schildert anschaulich das außergewöhnliche Phänomen: »Eine genauere Beschreibung verdient noch die natürliche Beschaffenheit des Asphaltsees. Sein Wasser ist, wie bemerkt, bitter und der Vegetation nicht zuträglich, dabei so leicht, daß es selbst die schwersten Gegenstände, die man hineinwirft, trägt und man selbst mit Anstrengung kaum unterzutauchen vermag ... Merkwürdig ist ferner der Farbenwechsel des Sees; dreimal am Tag ändert er sein Aussehen und wirft die Sonnenstrahlen verschiedenartig schillernd zurück. An vielen Stellen stößt er schwarze Asphaltklumpen aus, die, an Gestalt und Größe kopflosen Stieren vergleichbar, auf dem Wasser schwimmen. Die Arbeiter auf dem See rudern an sie heran, packen die zusammenhängenden Massen an und ziehen sie in die Kähne; haben sie diese gefüllt, so wird es ihnen nicht leicht, die Klumpen loszumachen, da sie infolge ihrer Zähflüssigkeit an dem Boot klebenbleiben, bis sie durch Menstruationsblut von Frauen oder Harn gelöst werden; denn das vermögen diese Flüssigkeiten allein. Der Asphalt findet nicht nur beim Schiffbau Verwendung, sondern dient auch zu Heilzwecken und wird deshalb vielen Arzneien beigemischt.«

Auch Strabo und Diodor berichten darüber. Diodor vermerkt noch die »giftigen Gase, die zwanzig Tage vor dem Auftauchen des Asphalts die brütend heiße Gegend verpesten und alles mit einem widerlichen Geruch überziehen. Silber, Gold und Bronze verlieren in dieser Zeit ihre ursprüngliche Farbe, nehmen sie dann aber nach dem Erscheinen des Asphalts wieder an. Die Menschen in dieser Gegend leben nicht lange.«

Die Gase bestehen übrigens aus Schwefelwasserstoff, der nach faulen Eiern stinkt. Naturasphalt ist ein Gemisch aus Bitumen – also Erdpech und Mineralstoffen. Bitumen wiederum setzt sich aus hochmolekularen Kohlewasserstoffen – fossilen Brennstoffen – zusammen. Es ist plastisch bis hart, braungelb bis schwarz und brennbar. Dieses Erdpech entsteht durch Verdunsten der leichtflüchtigen Bestandteile und durch Oxydation der schwerflüchtigen Stoffe des Erdöls. Das Vorkommen von Naturasphalt zeigt somit das Vorhandensein von Öllagerstätten an. *Bitumen Iudaicum*, »Judenpech«, nannte Plinius der Ältere, römischer Historiker des 1. Jahrhunderts n.Chr., die begehrte teerartige Masse. Heute wird Bitumen aus Erdöl hergestellt und als Bindestoff beim Straßenbelag oder als Anstrich- und Abdichtungsmittel benutzt.

Das Auftauchen von Naturasphalt ist am Toten Meer schon lange nicht mehr zu beobachten. 1939 soll der letzte, etwa 150 Kubikmeter große Block gesichtet worden sein. Doch bereits mehr als 100 Jahre früher waren die Brocken im Toten Meer ein seltenes Schauspiel. Das machte damals der deutsche Orientpionier Ulrich Jasper Seetzen deutlich, als er seine Reise entlang des Salzmeeres beschrieb: »Die Erscheinung des Asphalts auf dem toten See ist gar nicht so gewöhnlich, wie man zu glauben scheint, sondern gehört zu den Seltenheiten, und alte Leute wußten sich nur zu erinnern, daß dies zwei- oder dreimal in ihrem Leben der Fall gewesen sei.« Das »Tote Meer« hieß im Altertum »Salzmeer« oder »Asphaltsee«; sein heutiger Name geht auf Hieronymus, den Kirchenvater des 4. Jahrhunderts, zurück.

Das 80 Kilometer lange, überaus salzhaltige Gewässer liegt 394 Meter unter dem Meeresspiegel; es ist der tiefste Punkt der Erde. Im Toten Meer leben weder Pflanzen noch Tiere. Das Nordbecken, entstanden vor 23 000 Jahren, erreicht eine Wassertiefe von 400 Metern; dagegen ist das Südbecken, das sich erst vor 4000 Jahren bildete, nur maximal zehn Meter tief. Schon die Babylonier bezogen vermutlich Naturasphalt aus dem Toten Meer. Im Altertum nannte man ihn »das Heilmittel der Könige«, weil ihn sonst kaum jemand bezahlen konnte. Er soll gegen alle möglichen organischen Krankheiten geholfen haben. Seine konservierenden Eigenschaften machten ihn für die Ägypter bei der Einbalsamierung ihrer Toten unentbehrlich.

Später glaubte man auch an die potenzfördernde Wirkung dieses Rohstoffs. Das hatte bis in jüngste Zeit kuriose Folgen: Zunächst kratzte man die Bitumenmasse aus den Schädeln der Mumien und verkaufte die Klümpchen nach Europa. Dann wurden ganze Mumien zermahlen und das Pulver verhökert. Und als schließlich die Mumien knapp wurden, beschafften sich findige Händler in Ägypten die Leichname von

Gehenkten, trockneten die Körper im Schnellverfahren und exportierten sie als »Medizin« nach Europa. Bis in die dreißiger Jahre verkaufte ein deutscher Pharmakonzern den Stoff *Mumia vera Aegyptica* an die Apotheken. In einigen älteren Läden sind noch Restbestände davon zu finden.

Der Handel mit Naturasphalt war über Jahrtausende ein einträgliches Geschäft; als erste haben die Nabatäer davon profitiert. Darauf weist Diodor ausdrücklich hin: »Die ›Barbaren‹« – so nannten die Griechen alle fremden Völker – »schätzen diese Einkommensquelle sehr und bringen den Asphalt nach Ägypten und verkaufen ihn zur Einbalsamierung der Toten; denn bevor er nicht unter die anderen aromatischen Bestandteile, die sie verwenden, gemischt wird, kann die Erhaltung der toten Körper nicht von Dauer sein.«

Kein Wunder also, daß Ägypten immer wieder danach schielte, solche Ressourcen selbst auszubeuten. Ende des 1. Jahrhunderts v. Chr. schmeichelte Kleopatra ihrem Geliebten, dem Römer Marcus Antonius, Teile Arabiens – also des Nabatäerreiches – ab und auch die Einkünfte der Balsamgärten von Jericho in Palästina, die zu den Wundern der Antike gehörten. Flavius Josephus erzählt diese spannende Geschichte: Die Herrscher beider Staaten mußten ihre Ländereien zurückpachten. Herodes der Große, König der Juden von Roms Gnaden, wurde gezwungen, auch für den König Malichus I. Haftung und Garantie zu übernehmen. Als der, vermutlich mit Absicht, nicht zahlte, veranlaßte Kleopatra über Antonius, daß Herodes mit Waffengewalt gegen die Araber vorging. Damit wollte sie eines der beiden Gebiete so schwächen, daß Antonius es ihr hätte zusprechen können.

Herodes und Malichus I. begegneten sich in mehreren Gefechten. Im letzten blieb Herodes siegreich. Es fand 31 v. Chr. statt, im gleichen Jahr wie die Seeschlacht von Actium, bei der Antonius die Macht verlor. Jetzt versuchten beide Gegner, die Gunst des Siegers Oktavian, des späteren Kaisers Augustus, zu gewinnen. Herodes eilte direkt zu ihm nach Rhodos, um durch den Römer seine Zukunft zu sichern. Malichus I. ließ die Schiffe verbrennen, die für Kleopatra im Roten Meer bereitlagen, und versperrte der Ägypterin so den Fluchtweg. Damit verschafften sich die Nabatäer in dieser kritischen Situation wieder die alleinige Kontrolle über ihre wichtigsten Handelsgüter.

Die Entstehung und auch die Natur ihres Königreiches folgte völlig neuen Gesetzmäßigkeiten. Diese Beduinen schufen etwas anderes als alle übrigen Reichsgründer ihrer Zeit: einen Karawanenstaat. Der Handel stand im gemeinsamen Interesse aller Beteiligten. Das waren die Südaraber als Lieferanten, die Nabatäer als Händler und die Völker im Westen als Empfänger. Dieses gemeinsame Interesse hielt das Gleichgewicht der Macht zwischen den Parteien aufrecht. Denn die Araber hüteten ihre Kenntnisse über den genauen Verlauf der Routen, über verborgene Wasserlöcher in der Wüste und die Stapelplätze für die Waren wie Staatsgeheimnisse. Dadurch schützten sie jahrhundertelang erfolgreich ihr Handelsmonopol und damit ihre Unabhängigkeit.

Ein Zwerg zwischen Großmächten

Die Nabatäer regierten nie für längere Zeit über ein zusammenhängendes Gebiet, abgesehen von ihrem Kernbereich um Petra. Die Grenzen des Karawanenstaates veränderten sich ständig.

Während des halben Jahrtausends seiner Existenz als selbständige Nation sah sich das Beduinenvolk immer wieder neuen kulturellen und politischen Einflüssen ausgesetzt: den biblischen und hellenistischen Reichen, den Römern, den byzantinisch-christlichen Herrschern und schließlich dem Einbruch des Islam. Deshalb müssen wir die verwickelte Ge-

Dem idealisierten Porträt Alexanders des Großen ist diese Skulptur aus Petra nachempfunden

schichte des Vorderen Orients in groben Zügen miteinbeziehen in die Geschichte der Nabatäer.

Bis 930 v. Chr. währte in Palästina das Reich König Davids und seines Erben Salomon. Danach zerbrach es in zwei Teile: in das Nordreich Israel und das Südreich Juda mit Jerusalem als Zentrum. 587 v. Chr. eroberte der Babylonier Nebukadnezar die Heilige Stadt, die Bewohner des Südreiches wurden in Gefangenschaft geführt. In die entvölkerten Gebiete zwischen Beersheva und Hebron wanderten die Edomiter aus dem Ostjordanland ein. Sie führten fortan den Namen »Idumäer«.

Die Nabatäer wiederum setzten sich – etwa ab 550 v. Chr. – im alten Land der Edomiter um Petra herum und im nördlichen Hedschas bei Hegra im heutigen Saudi-Arabien fest. Vielleicht haben die Nabatäer auch die Edomiter vertrieben, doch keine historische Quelle berichtet Genaues darüber. Als Abschluß dieses Prozesses nehmen Wissenschaftler die Reichsgründung der Nabatäer im 5. oder 4. Jahrhundert v. Chr. an. Damals betrieben sie den Karawanenhandel bereits in eigener Regie und legten die Basis für ihren späteren Reichtum.

Die Babylonier verloren ihre Macht an die Perser. Deren König Kyros erlaubte den Juden die Rückkehr aus der babylonischen Gefangenschaft. Die biblischen Berichte nach dem Exil erwähnen die Herren von Petra jedoch nicht; ein Zeichen, daß es zwischen den neuen Nachbarn keine Konflikte gab. Die Perser verwalteten ihre Gebiete sehr straff und führten eine einheitliche Verkehrssprache für die westlichen Provinzen ein: das Aramäische, die Sprache der Kleinvölker Syriens. 200 Jahre später fegte der Makedonier Alexander der Große das Perserreich weg.

Auch diesmal hatten die Nabatäer Glück: wie von den Babyloniern und Persern, blieben sie auch von den Heeren des jungen Eroberers unbehelligt. Ihr Gebiet lag im »Abseits«, und das »Randvolk« interessierte wenig.

Der frühe Tod Alexanders des Großen 323 v. Chr. brachte sein riesiges Weltreich in Unordnung. Es war nicht gefestigt, und er selbst hatte keinen Erben bestimmt. So wurden seine Generäle die Nachfolger – griechisch: die Diadochen. Sie stritten in mehreren Kriegen um die Macht. Nach über 40 Jahren erbitterter Kämpfe kristallisierten sich drei neue Monarchien heraus:

➤ Das Reich der Seleukiden, gegründet von Seleukos, erstreckte sich zunächst vom Hellespont über Syrien bis fast zum Indus. Später schrumpfte es auf Syrien als Reststaat zusammen und bestand bis zur Eroberung durch die Römer 64 v. Chr.

➤ Das Reich der Ptolemäer umfaßte Libyen, Ägypten, Palästina und Zypern. Dem ersten Herrscher Ptolemäus folgten neun weitere gleichen Namens. Nach dem Selbstmord Kleopatras, der letzten Königin aus diesem Geschlecht, wurde Ägypten 30 v. Chr. römische Provinz.

➤ Das Reich der Antigoniden, das aus Makedonien und Teilen Griechenlands bestand, ging bereits 168 v. Chr. mit dem Sieg der Römer in der Schlacht von Pydna unter.

So wurde Rom am Ende alleiniger Erbe des Alexanderreiches.

In diese Zeit des weltpolitischen Umbruchs fällt ein Ereignis, das Diodorus Siculus später in seine »Geschichtsbibliothek« als ersten gesicherten Bericht über die Nabatäer und ihre Anwesenheit in Petra aufnimmt: Wir schreiben das Jahr 312 v. Chr. Einer der Diadochen, Antigonos Monophtalmos – der Einäugige –, hat den Oberbefehl über ganz Vorderasien und damit fast unumschränkte Macht. Er versucht, das gesamte Reich Alexanders nach der Aufteilung doch noch einmal in einer Hand zu vereinigen, nämlich in seiner eigenen. So verbündet er sich mit den übrigen Diadochen gegen Ptolemäus. Für die kommenden Kämpfe mit Ägypten muß er zuerst seine Ausgangsposition stärken. Und weil ihn die offene Flanke im Süden zur Wüste hin stört, entsendet er zwei Expeditionen in das »Land der Araber, die man Nabatäer nennt«.

Der erste Zug der Angreifer verläuft zunächst erfolgreich. Den Griechen gelingt es, Petra zu besetzen und auszurauben, als die Nabatäer fast alle zu einem Markt unterwegs sind. Die wenigen zurückgebliebenen Männer werden gefangengenommen, doch gelingt es ihnen, nachts zu entkommen. Sie berichten von dem nachlässig bewachten Lager der Feinde. Die Araber verfolgen die Griechen, überfallen sie bei Dunkelheit, metzeln die Soldaten nieder und holen sich ihren Besitz zurück.

Um den Zorn des Einäugigen zu besänftigen, schreiben ihm die Nabatäer listig einen Brief in Aramäisch: Sein Feldherr habe vielleicht eigenmächtig gehandelt, und man habe sich schließlich verteidigen müssen. In einem Antwortschreiben bestätigt Antigonos diese Vermutung, bereitet aber schon einen zweiten Feldzug vor. Diesmal schickt er seinen Sohn Demetrios Poliorketes, den Städtebelagerer. Doch die Nabatäer haben aus der ersten bitteren Erfahrung gelernt und vorsorglich in der Wüste Wachtposten aufgestellt. Sie sind also vorgewarnt. Heldenhaft verteidigen sie den Felsen, auf dem sie sich verschanzt haben – vermutlich das Massiv Umm el Biyara, 300 Meter über dem Tal von Petra.

Die Herren von Petra verlegen sich jetzt auf politische Klugheit. Sie lassen Demetrios fragen, warum er sie belagere, obwohl sie doch friedlich in der Wüste wohnten. Sie bieten ihm Silber und kostbare Geschenke, außerdem Geiseln als Garantie an. Der Grieche akzeptiert und zieht mit seinem Heer ab. Dieser erste Auftritt auf der politischen Bühne macht zugleich die Situation der Nabatäer in den nächsten vier Jahrhunderten deutlich: Sie wohnen am Rand der wichtigen Schauplätze Syrien und Ägypten und treiben Handel mit diesen Staaten. Streit zwischen den beiden Mächten bedeutet stets auch Gefahr für die Nabatäer. Also müssen sie vorsichtig taktieren, um nicht ständig in fremde Konflikte hineingezogen zu werden.

Ihr eigenes politisches Gewicht basiert nicht auf Eroberung neuer Gebiete, sondern auf wirtschaftlicher Macht und die wiederum auf dem Handel mit den begehrten Aromastoffen. Solche Zusammenhänge bestimmten stets die jeweilige Blickrichtung ihrer Politik. Noch öfter haben sie sich mit Silber den Frieden erkaufen können und durch geschicktes Lavieren die Großmächte ferngehalten.

Die Könige von »Arabia Petraea«

Nach dem Ereignis von 312 v. Chr. hören wir erst wieder knapp 150 Jahre später von den Nabatäern. Inzwischen hatten Ptolemäer und Seleukiden in den sechs Syrischen Kriegen um Palästina gekämpft. 195 v. Chr. fiel das Land endgültig an die Seleukiden. Doch schon knapp 50 Jahre später hatten die Juden durch den Aufstand von Judas Makkabäus aus dem Hause der Hasmonäer wieder ihr eigenes Reich erstritten.

Karawane nach Petra

Mehrfach kam es zu Konflikten mit den Nabatäern; meist ging es um den Besitz der Mittelmeerhäfen, insbesondere um Gaza als Endpunkt eines Zweiges der Weihrauchstraße.

168 v. Chr. sucht der Hohepriester Jason nach einem innerjüdischen Kulturkampf Zuflucht bei »Aretas, dem Tyrannen« – das heißt Herrscher – »der Araber«. Er wird Aretas I. genannt, denn vor ihm sind keine Könige der Nabatäer bekannt. Damit beginnt eine halbwegs kontinuierliche Bericht-

Festmahl im »Bunten Saal« von Petra

erstattung über das Beduinenvolk, obwohl weiterhin fast alle historischen Informationen aus nichtnabatäischen Quellen stammen.

Zwischen 168 vor und 106 n. Chr. regieren in Petra elf Herrscher. Sie nennen sich abwechselnd Aretas, Rabel, Obodas und Malichus. Über die Rolle des nabatäischen Königs gibt eine Textstelle bei Strabo Auskunft: »Die Nabatäer veranstalten Gastmähler für dreizehn Personen, und bei jedem Gastmahl sind zwei Musiker zugegen. Der König hält in einem großen Saal fortwährend viele Trinkgelage. Niemand jedoch trinkt mehr als elf Becher und immer aus einem ande-

ren goldenen Trinkgefäß. Der König ist auch so volksnah, daß er nicht nur sich selbst, sondern auch die übrigen Teilnehmer bedient. Oft legt er auch vor dem Volk Rechenschaft ab; bisweilen wird selbst sein Lebenswandel untersucht.«

Diese Beobachtungen über das soziale Gefüge der nabatäischen Gesellschaft machte Strabo nicht selbst; er bekam die Informationen von einem Gewährsmann. Aber sie sind aus zweierlei Gründen interessant. Wir erfahren erstens, daß der König keine Willkürherrschaft ausübte, sondern eher wie der Sheikh, das Stammesoberhaupt einer Beduinensippe, handelte. Noch heute ist es Brauch, daß ein Sheikh seine Männer und vor allem seine Gäste persönlich bedient, ihnen zum Beispiel beim Essen die besten Fleischstücke serviert. Zweitens wird klar, daß sich die früheren strengen Regeln des Beduinenvolkes, von denen Diodor erzählt, völlig gewandelt haben. Während die Nabatäer in der Frühzeit keine Häuser bauen, nicht säen und keinen Wein trinken durften, schreibt Strabo nun, daß die Gelage in einem Saal stattfinden und die Männer kräftig dem Wein zusprechen. Das heißt, aus umherziehenden Nomaden sind luxusliebende Städter geworden.

Der bedeutendste König der Nabatäer wurde Aretas IV., der zuvor Äneas hieß und dessen verwandtschaftliches Verhältnis zum Königshof nie gänzlich geklärt werden konnte. Doch mit ihm, einem Zeitgenossen von Herodes dem Großen, Kaiser Augustus und Jesus Christus, bekam *Arabia Petraea* einen dynamischen Regenten, der das Reich zu seinem Höhepunkt führte. Zahlreiche Inschriften belegen den Ehrentitel von Aretas IV., dem Großen: »König von Nabatu, der sein Volk liebt«. Während seiner Herrschaft, der längsten eines nabatäischen Königs, von 9 v. Chr. bis 40 n. Chr., hatte der Machtbereich der Herren von Petra seine größte Ausdehnung – über ein Gebiet, das sich heute auf fünf Staaten verteilt:

Karawane nach Petra

➢ in Jordanien die Shera-Berge mit Petra im Zentrum als Kernland und der größte Teil Ostjordaniens;
➢ in Israel die Negev-Wüste im Süden des Landes, entlang einer Linie Gaza – Totes Meer;
➢ in Ägypten die Sinai-Halbinsel;
➢ in Saudi-Arabien der nördliche Hedschas oberhalb von Hegra;
➢ in Syrien der Hauran im Süden des Landes, etwa das Dreieck Damaskus – Seeia – Bostra.

Diese Grenzen sind Kulturlandgrenzen und daher bestimmbar. Im größten Teil des Reiches verliefen sie jedoch im Sand der unendlichen Wüsten.

Seit etwa 100 v. Chr. prägten die Könige eigene Münzen aus Silber und Bronze. Zunächst tragen diese griechische, dann aber nabatäische Beschriftung und zeigen neben dem Bildnis des Herrschers ab und an auch das Porträt der Königin.

In die wechselvolle Geschichte des Vorderen Orients griff ab 67 v. Chr. die neue Weltmacht Rom ein. Der Feldherr Pompejus erhält den uneingeschränkten Oberbefehl über das gesamte Mittelmeer und alle Küstenstriche 75 Kilometer landeinwärts. Mit 120 000 Soldaten und 500 Schiffen beendet er zuerst das Seeräuberunwesen und zwingt die Störenfriede zu fester Ansiedlung. Drei Jahre später hat er Syrien als Provinz ins Römische Reich eingegliedert.

Damals belagerten die Nabatäer Jerusalem. Aretas III. unterstützt damit den Prinzen Hyrkanos im jüdischen Thronstreit gegen seinen Bruder Aristobolus. Pompejus will geordnete Verhältnisse in der neuen Provinz und schickt zur Schlichtung des Konflikts seinen Feldherrn Aemilius Scaurus. Der stellt sich auf die Seite des freigiebigen Aristobolus.

Die unmißverständliche Aufforderung zum Rückzug befolgt Aretas in realistischer Einschätzung der römischen

Übermacht. Dennoch marschiert Scaurus gen Petra, obwohl ihm eigentlich nicht an einem großen Krieg gelegen ist. Aretas bringt nun die schon mehrfach bewährte Taktik der Nabatäer ins Spiel. Mit 400 Talenten – rund zehn Tonnen – Silber bewegt er Scaurus zur Umkehr, muß aber fortan die römische Oberhoheit anerkennen. Für die Nabatäer ändert sich damit praktisch nichts; als »Bundesgenosse« Roms halten sie den Zustand lockerer Zusammenarbeit, bleiben aber stets auf der Hut. Der kluge Schachzug ihres Königs rettet für weitere 150 Jahre ihre staatliche Selbständigkeit.

Intrigenspiel im Wüstensand

Nachdem Kaiser Augustus 30 v. Chr. auch Ägypten dem Römischen Reich einverleibt hat, erteilt er seinem Feldherrn Aelius Gallus den Befehl, Südarabien zu erobern. Der Gedanke, den gesamten Handelsweg vom fernen Süden bis nach Rom zu kontrollieren, reizt den Herrscher vom Tiber. Als Berater für die militärische Operation verpflichten die Römer einen Nabatäer: Sylläus, Großwesir am Hof zu Petra und Stellvertreter des Königs Obodas III. Strabo charakterisiert Sylläus als »scharfsinnigen und wohlgestalteten jungen Mann«. Er hat Besitzungen in Hegra und kennt das Gebiet genau.

Eine heikle Aufgabe: Einerseits darf Sylläus die Römer nicht verärgern, andererseits kann ihm an einem Erfolg der Aktion nicht gelegen sein, weil damit das nabatäische Transportmonopol verlorenginge. Zu Anfang beschäftigt er die Römer ein volles Jahr, indem er sie am Roten Meer eine nutzlose Flotte bauen läßt – nur um damit nach Leuke Kome, einem Hafen in Arabien, überzusetzen. Dann führt er das Heer in der Wüste systematisch in die Irre. Viele der 10 000 Soldaten sterben bei der ungewohnten Hitze an Wassermangel und

Auszehrung. Die nächste Etappe führt in Nomadengebiete, wo sie keine Gefechte bestehen müssen.

Als die Römer – schon fast im »Glücklichen Arabien« – endlich kämpfen können, bleiben sie siegreich, fast ohne Verluste zu erleiden. Dann aber stoßen sie in der Festung Marib, im Altertum die bedeutendste Stadt Südarabiens, auf unerwarteten Widerstand. Das ausgemergelte Heer ist völlig demoralisiert. Zwei Tagesmärsche entfernt vom eigentlichen »Gewürzland«, kehrt Aelius Gallus um. Die List des Sylläus hat ihren Zweck erreicht, nämlich den Zugriff der Römer auf das Weihrauchland abzuwehren. Doch damit ist der Polit-Krimi noch nicht zu Ende. Zurückgekehrt nach Petra, drängt Sylläus den schwachen König Obodas III. in den Hintergrund und regiert fast allein.

Im Nachbarland Judäa war inzwischen Herodes der Große, ein Idumäer, von den Römern als König der Juden eingesetzt worden. Sylläus hält um die Hand seiner verwitweten Schwester Salome an. Da er sich jedoch aus Angst vor dem Widerstand der Nabatäer weigert, zum Judentum überzutreten, kommt die Verbindung zwischen Jerusalem und Petra nicht zustande. Damals gehörte der Hauran im südlichen Syrien zum Machtbereich Judäas. Nun schürt Sylläus angeblich Aktionen der Trachoniter, der Bewohner dieser Landschaft, gegen Herodes. Der römische Statthalter soll die Angelegenheit innerhalb eines Monats schlichten. Doch Sylläus setzt sich direkt nach Rom ab.

Herodes verfolgt die Trachoniter auf nabatäisches Gebiet, verliert aber die Scharmützel. Jetzt behauptet Sylläus, Herodes überziehe sein Land mit Krieg. Der Kaiser ist entrüstet. Als Obodas III. 9 v. Chr. stirbt, rechnet Sylläus – immer noch in Rom – fest mit seiner Berufung zum neuen König der Araber. Doch Aretas IV. ergreift die Macht in Petra. Sylläus beschuldigt ihn sogleich, sich gegen Rom vergangen zu haben.

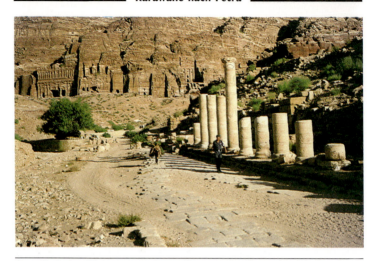

Aus römischer Zeit stammt die gepflasterte Straße zu den Königsgräbern von Petra

Formal ist das Nabatäerreich immer noch unabhängig von den Römern. Aretas braucht sich also nicht vom Kaiser bestätigen zu lassen. Dennoch ist Augustus zunächst verärgert. Er überlegt sogar, das Gebiet der Nabatäer unter die Verwaltung von Herodes zu stellen.

Ein kurzer Ausflug in die Familiengeschichte des Herodes zeigt die Beziehungen der Idumäer zu den Nabatäern im Lauf der Zeiten; sie wechseln immer wieder zwischen Freundschaft und Feindschaft, zwischen Krieg und Frieden – je nachdem, wie es für den Betreffenden den Großmächten gegenüber politisch gerade günstig ist. In die römische Geschichte sind beide rivalisierenden Nachbarn oft miteinbezogen.

Dem Vater Herodes des Großen, Antipatros, hatte Caesar das römische Bürgerrecht verliehen, ihn zum Prokurator von Judäa gemacht und damit dieser Region mehr Gewicht verliehen. Dennoch herrschte zwischen dem Idumäer und den Nabatäern noch freundschaftliches Einvernehmen. Dem

König von Petra lieh Antipatros sogar Geld. Und die Mutter seines Sohnes Herodes war eine Araberin.

Als 40 v. Chr. die Parther nach Jerusalem vordrangen, hoffte Herodes auf Hilfe aus Petra. Doch trotz der guten Beziehungen, die sein Vater geknüpft hatte, wies ihn der König ab und gewährte ihm weder Asyl noch finanzielle Unterstützung. Der Idumäer brachte seine Familie dann in der Felsenfestung Masada am Toten Meer in Sicherheit und begab sich nach Rom – zu der stärkeren Schutzmacht. Der Senat verlieh ihm die Würde eines Königs von Judäa.

Bei seinem eigenen Volk war Herodes absolut unbeliebt, weil er nicht als »echter« Jude galt. 120 v. Chr. mußten alle Idumäer gezwungenermaßen zum Judentum übertreten, wurden dann aber nicht als solche akzeptiert. Den »König der Juden von Roms Gnaden« kennen wir aus der Bibel als blutrünstigen Tyrannen, verantwortlich für den Kindermord von Bethlehem – eine Legende, wie man inzwischen weiß. In Wahrheit brachte Herodes seinem Volk nach langen, blutigen Kriegsjahren für mehr als dreißig Jahre Frieden und wirtschaftlichen Wohlstand. Er ließ auch das religiöse Zentrum der Juden neu aufbauen – den Tempel des Salomo, den die Babylonier im 6. vorchristlichen Jahrhundert zerstört hatten.

Herodes der Große starb 4 v. Chr. 40 Jahre nach seinem Tod brachen noch einmal Feindseligkeiten zwischen seinem Sohn Antipas und den Nabatäern aus. Antipas hatte eine Tochter von Aretas IV. geheiratet, sie dann aber verstoßen, um mit Herodias, der ehrgeizigen Frau seines Bruders Philippus, eine neue Ehe einzugehen. Diese Verbindung wurde von Johannes dem Täufer öffentlich kritisiert. Das kostete ihn den Kopf, wie die Bibel berichtet. Aretas IV. wollte die schmachvolle Behandlung seiner Tochter mit Krieg beantworten; das Heer der Nabatäer zog nach Jerusalem, wurde aber von den Römern zurückgepfiffen.

Karawane nach Petra

Zurück zu Sylläus. Bei dieser Affäre arbeiten in Rom nabatäische Gesandte mit dem Vertrauensmann von Herodes Hand in Hand. Beide Seiten wollen den ungeliebten Machtmenschen endlich loswerden. Sie klagen den Überraschten vor Augustus schwerwiegender Verbrechen an: des Mordes an Edelleuten, der Unzucht und Verschwendung. Und Aretas behauptet, Sylläus habe seinen Vorgänger vergiftet. Dann schickt der neue König von Petra reiche Geschenke an den Tiber und wird schließlich von Augustus anerkannt. Gleichzeitig läßt Herodes den Fall der Trachoniter und die ungerechtfertigten Behauptungen von Sylläus gegen ihn wieder aufgreifen. Als man dann noch die Rolle des Nabatäers beim Feldzug nach Südarabien aufklärt, fällt das Urteil gegen den Großwesir von Petra: Wegen Verrats am römischen Volk wird der lange Zeit so erfolgreiche Intrigant, dessen Name auf nabatäischen Münzen neben dem Porträt des Königs steht, im Jahr 6 v. Chr. auf Befehl von Augustus in Rom enthauptet.

Von diesem Zwischenfall abgesehen, haben die Nabatäer weit über die Zeitenwende hinaus ihr eher freundschaftliches Verhältnis mit den Römern aufrechterhalten können. Als Kaiser Titus 70 n. Chr. im Nachbarland den Aufstand der Juden nach vierjährigen schweren Kämpfen niederschlägt, als Jerusalem in Flammen aufgeht und der prächtige Tempel, den Herodes neu aufgebaut hatte, in Schutt und Asche sinkt, stehen Hilfstruppen aus Petra an der Seite der Römer. Titus weiß den militärischen Beistand zu schätzen und beläßt den Herren von Petra weiterhin ihre Unabhängigkeit, obwohl ihr Reich jetzt das letzte selbständige in der gesamten Region ist.

Die nabatäischen Soldaten ziehen nach der Eroberung Jerusalems sogar mit den Römern weiter zum Toten Meer nach Masada. In die alte Felsenfestung des Herodes haben sich 1000 aufständische Juden, die Zeloten, geflüchtet. Die Vorratshäuser sind noch gefüllt, auch Wasser gibt es in den großen Zisternen mehr als genug. Drei Jahre trotzt das Häuf-

Karawane nach Petra

lein der römischen Übermacht. Der Fels bleibt uneinnehmbar. Erst als die Römer von Sklaven eine gewaltige Rampe aufschütten lassen, sehen die Juden ihr Schicksal besiegelt und begehen Selbstmord. Ein bitterer Sieg für die Römer. In ihren Militärlagern rund um Masada fanden die Archäologen Keramik aus Petra – Beweis für die Anwesenheit der Nabatäer.

Schon vor diesen Ereignissen war es unter Malichus II. zwischen den Jahren 50 und 70 zu einem Niedergang des Handels gekommen. Die Ursachen sind unklar. Wissenschaftler vermuten, daß neue Nomadenstämme in die Region eingedrungen waren. Die Nabatäerstädte im Negev zeigen Spuren größerer Zerstörungen und danach eine Lücke in der Besiedlung.

Im gleichen Jahr, in dem Jerusalem zerstört wird, besteigt mit Rabel II. der letzte Nabatäerkönig den Thron. Da er noch ein Kind ist, führt zunächst seine Mutter die Amtsgeschäfte. Auf späteren Inschriften begegnet uns die merkwürdige Formulierung »Rabel, König der Nabatäer, der sein Volk wiederbelebt und errettet hat«. Was das bedeutet, ist immer noch rätselhaft. Einige Forscher vermuten, Rabel habe verbesserte Bewässerungsmethoden im Negev eingeführt und so für die Nabatäer nach dem Abflauen des Handels eine neue Lebensgrundlage geschaffen, nämlich die Landwirtschaft.

Eine Erklärung, die nicht ganz überzeugt, denn der Ertrag, den die Felder vielleicht brachten, konnte niemals Ersatz für die immensen Summen sein, die Petra durch die Karawanen zugeflossen waren.

Dann schlägt auch für das Nabatäerreich die Stunde. Kaiser Trajan will das Imperium noch einmal erweitern und betreibt daher eine expansive Politik. Am 22. März des Jahres 106 n. Chr. wird *Arabia Petraea* zur römischen Provinz *Arabia* mit dem südsyrischen Bostra als neuer Hauptstadt. Aus diesem Anlaß kommen in Rom Gedenkmünzen in Gold, Silber und Bronze heraus, eine Art »Sonderbriefmarken« der Antike, die zu Propagandazwecken geprägt wurden. Bemerkenswert ist ihre Beschriftung *ARABIA ADQUISITA*, das heißt: »Arabien ist eingegliedert«. Das läßt auf eine friedliche Regierungsübernahme ohne Feuer und Schwert schließen, also eher auf den »Einmarsch in der Paradeuniform«. Denn bei der Eroberung anderer Provinzen waren auf den Münzen Worte wie »Sieg« oder gar »Gefangennahme« zu lesen, so zum Beispiel nach dem Ende des jüdischen Reiches: *JUDAEA CAPTA* – »Judäa ist gefangengenommen«.

Die Römer kommen jetzt nach Petra. Über 150 Jahre hatten die Nabatäer das drohende Ereignis immer wieder abwenden können. Sie leben zwar weiterhin in der Felsenstadt, aber nach und nach zerfällt ihre eigenständige Kultur. Fortan datieren sie ihre Inschriften nicht mehr nach den Regierungsjahren ihrer Könige, sondern nach der »Eparchie«, der Provinzherrschaft. Doch ihre Spuren lassen sich noch weiterverfolgen.

Im Land der schwarzen Steine

Mit dem Ende des Königtums verloren die Nabatäer auch ihren Einfluß im Hauran, dem »Land der schwarzen Steine« im Süden Syriens. Zeitweilig hatten sie sogar über Damaskus geherrscht. Diese Metropole gewannen sie nach der Schlacht von Motho, bei der Philipp II., der König der Syrer, getötet wurde. Um sein Reich bis zur Großen Wüste auszudehnen, war er 84 v. Chr. gen Petra marschiert. Nach seinem Tod berief die nun führerlose Stadt Damaskus Aretas III. zum Herrscher.

Die Nabatäer verhielten sich eigentlich immer friedlich, die Politik ihrer Könige war im Grunde defensiv. Doch in Zeiten der Bedrohung stand die Nation zusammen und erfocht eindrucksvolle Siege – wie in Motho. Dieses Ereignis gilt als Wendepunkt der nabatäischen Geschichte, denn nun etabliert sich das Reich *Arabia Petraea* als Machtfaktor, mit dem man künftig rechnen muß.

Dann hören wir noch einmal in der Bibel von der Anwesenheit der Nabatäer in Damaskus: Ein Mann namens Saulus verfolgt um 37 n. Chr. im Auftrag der jüdischen Priesterschaft die Christen in Syrien. Eines Tages trifft ihn ein Lichtstrahl vom Himmel. Saulus erblindet; seine Gefährten bringen ihn nach Damaskus. Dort macht ihn der Christ Ananias auf Befehl Gottes wieder sehend. Saulus wird zum Paulus – zum Apostel, der die Botschaft Jesu fortan in der Welt verkündet.

Jetzt aber läßt der Nabatäerkönig Aretas IV. den Bekehrten verfolgen, denn für den Araber ist dieser Paulus ein Aufrührer. Im Brief an die Korinther schreibt der Apostel später: »Zu Damaskus bewachte der Statthalter des Königs Aretas die Stadt und wollte mich greifen. Aber ich ward in einem Korbe die Mauer hinabgelassen, und so entrann ich seinen Händen.«

Nach dem Verlust von Damaskus können sich die Nabatäer noch bis zur römischen Eroberung im Hauran halten. Ihr Einfluß bleibt auch kulturell beherrschend. Bostra, das bedeutendste antike Handelszentrum in Südsyrien, wird ihr wichtiger Stützpunkt, eine Art Rivale von Petra. Heute hat Bosra, wie es inzwischen heißt, seine Vormachtstellung im Hauran jedoch eingebüßt.

Bostra war Marktplatz für die Wüstengebiete im Grenzbereich zwischen Seßhaften und Nomaden. Hier liefen fünf Handelsstraßen zusammen. Prächtige Ruinen zeugen vom einstigen Reichtum der Stadt. Im Untergrundbasar, der über eine Länge von 100 Metern erhalten ist, feilschten die Händler mit Waren aus aller Welt. Hier stapelten sich die Exportgüter, bevor sie durch das große nabatäische Stadttor auf die Reise gingen.

Der schwarze, harte Basaltstein des Hauran, aus dem die Baumeister ihre Kunstwerke schufen, verleiht dem Ort einen düsteren Reiz. Noch heute ist die antike Säulenstraße Hauptverkehrsachse von Bostra.

Bis vor kurzem wohnten die Einheimischen sogar in primitiven Häusern inmitten der Überreste aus dem Altertum. Ein mittelalterliches Bollwerk umschließt Bostras größte Attraktion, das römische Theater. Jahrhundertelang war es mit Sand gefüllt und wurde erst in neuerer Zeit ausgegraben. So blieb es davor bewahrt, wie andere antike Monumente als Steinbruch für den Bau neuer Häuser mißbraucht zu werden.

Wann in dem riesigen Theater zum erstenmal Aufführungen stattfanden, wissen wir nicht. Doch schon die Nabatäer haben den Prachtbau genutzt. Die Stadt ließ eigens Münzen mit der Aufschrift *Actia Dusaria* prägen, wenn sie hier jährlich zu Ehren des nabatäischen Nationalgottes *Duschara* die großen Festspiele feierten – bis der letzte Vorhang für die Herren von Petra fiel und sie nach der Eingliederung des Reiches ins Römische Imperium ihren Schwerpunkt wieder in das rote Felsental Ostjordaniens verlegten.

Wunderwerk aus rotem Fels

Noch vor wenigen Jahrzehnten fühlte sich der Besucher von Petra wie zu Nabatäer-Zeiten. Denn die Einheimischen bewohnten damals – so wie die Menschen Jahrtausende vorher – die Höhlen im Tal und auf den umliegenden Höhen. Wasser und Lebensmittel mußten herangeschafft werden, es gab keine Elektrizität, man ritt auf Eseln, Kamelen oder Pferden. Nur Gräber wurden natürlich nicht mehr aus dem Fels geschlagen. Seit Ende der sechziger Jahre hat die jordanische Regierung den Beduinen ein modernes Dorf in der Nähe zugewiesen. Jetzt reihen sich in der antiken Stadt nur noch die Souvenirläden wie Perlen auf einer Schnur, aber auch die sollen demnächst verschwinden.

Fast jeder Besucher kauft in Petra ein Fläschchen mit dem typisch geschichteten bunten Sand, den die Jungen des Ortes aus Felsbröckchen mahlen. Der farbige Stein gab einst der Stadt ihre Namen: den nabatäischen *Rakmu*, das heißt »bunt«, und später den griechischen *Petra*, das heißt »Fels«.

Das ostjordanische Gebirge – eine gigantische Landschaft! Vor mehr als zweieinhalb Milliarden Jahren schuf die Natur dieses bizarre Wunder am Rand großer Urmeere, auf halbem Weg zwischen Totem und Rotem Meer am Wadi Araba gelegen, einem Teil des Jordangrabens. »Es ist eine der äl-

Das römische Theater von Bostra wurde im Mittelalter mit Sand gefüllt und zum Kern einer Festung

testen Formationen, sozusagen ein Blick in den Keller der Erdgeschichte«, sagen Geologen.

Reiner Sandstein – gelblich bis braun oder intensiv rotviolett, dazwischen glimmerreiche Tonschieferlagen, Schwermineralien wie Turmalin, Hornblende, Zirkon und in den höheren Lagen weiße Feinsandsteine – diese Vielfalt macht Petra zu einem einzigartigen, farbenprächtigen Naturschauspiel. Und zu einer natürlichen Festung, fast uneinnehmbar, ideal als Schlupfwinkel. Außer der Tatsache, daß Petra am Knotenpunkt der bedeutenden Handelsstraßen lag, war auch dies für die Nabatäer ein wichtiger Grund, sich hier festzusetzen. Das Felsennest konnten sie mit einer kleinen Truppe leicht verteidigen.

Zu Anfang lebten die Nabatäer noch als Nomaden oder Halbnomaden und richteten wohl nur eine größere Karawanserei ein. In den Höhlen lagerten sie die Waren, die Felsen boten Schutz für Mensch und Tier. Bei Gefahr war es möglich, mit der gesamten Habe sehr schnell den Ort zu wechseln. Entscheidender Faktor und Voraussetzung für eine dauerhafte Ansiedlung aber dürfte der Wasserreichtum gewesen sein. Schon seit Urzeiten war das Gebiet bewohnt. Vor den Nabatäern lebten die Edomiter in dieser Region – jenes Volk, das Mose und den Israeliten den Durchzug durch sein Land verwehrte, wie die Bibel erzählt.

Die Hauptquelle, die Petra einst versorgte, liegt fünf Kilometer außerhalb der Stadt. Heute finden wir sie mitten im modernen Dorf Wadi Musa, dem Mosestal, umbaut von einer kleinen Moschee. Das weist auf die religiöse Bedeutung der Quelle hin. Denn hier, so glauben die Moslems der Umgebung, habe Mose das Wasser aus dem Fels geschlagen. Im Altertum führte eine Leitung das lebensspendende Naß direkt in den Talkessel, ein Luxus mitten in der steinernen Einöde. Im *Siq* sind noch Reste davon zu sehen; auch an anderen Stellen in Petra findet man Felsrinnen und -kanäle, die Wasser sammelten. In späterer Zeit konstruierten die Nabatäer sogar Druckröhrensysteme, wie sie sonst nur aus hellenistischen oder römischen Städten bekannt sind. Außerdem legte das Beduinenvolk überall Zisternen an. Jeder Tropfen Regen wurde geschickt aufgefangen. Selbst auf dem schwer zugänglichen Bergmassiv *Umm el Biyara* – Kultplatz und Fluchtburg – konnte eine größere Anzahl von Menschen längere Zeit überleben, so perfekt war die Vorratshaltung. Schon der Name des Felsens weist darauf hin: »die Mutter der Zisternen«. Im syrischen Hauran und auch im Negev sind noch heute nabatäische Zisternen in Gebrauch.

Große Gefahr droht Petra im Winter, wenn sich die Niederschläge in den *Wadis*, den Schluchten, innerhalb weniger Minuten zu reißenden Strömen sammeln und alles im Tal wegschwemmen. Ein unerfahrener Europäer kann sich kaum vorstellen, daß in Wüstengebieten mehr Menschen ertrinken als verdursten. Doch wenn es regnet, stürzen wahre Fluten vom Himmel. Kurz vor unseren Dreharbeiten im November 1994 starb in einer Schlucht von Petra eine Beduinenfrau, als sie von den Wassermassen gegen eine Felswand geschleudert wurde. Und vor einigen Jahrzehnten schoß eine plötzliche Flutwelle durch den *Siq*; eine ganze Reisegruppe kam ums Leben.

Wohl deshalb haben die Jordanier den Damm wiederaufgebaut, der schon vor mehr als 2000 Jahren die Hauptschlucht schützte; der *Siq* bleibt jetzt trocken. Die Nabatäer trieben zudem durch den steinernen Ring, der Petra umschließt, einen Stollen und leiteten so die Wasserströme in Nebentäler ab. Vielleicht nahmen sich ihre Ingenieure zu Anfang den berühmten Damm von Marib in Südarabien oder auch mesopotamische und ägyptische Bewässerungssysteme zum Vorbild. Doch erreichten sie in der Hydrotechnik schnell eine Eigenständigkeit, die schon antike Autoren rühmten.

Karawane nach Petra

Petra, ursprünglich nur ein kleines Felsennest in den ostjordanischen Bergen, erfüllte also alle Voraussetzungen zur Entwicklung einer blühenden Stadt. Doch ähnliches läßt sich von anderen Orten auch sagen. Was also macht gerade Petra und damit die Leistung der Nabatäer so unvergleichlich?

Die frühe Geschichte des Beduinenvolkes erinnert eher an einen Räuberroman: ständiges Umherziehen in den Weiten der Sandmeere, Kampf um Wasser und Nahrung, Überfälle auf feindliche Stämme und Karawanen. Als die Nabatäer dann den Handel in eigener Regie übernahmen und sich in Petra niederließen, weitete das allmählich ihren Blick. Denn sie erwarben damit auch Kenntnisse von fremden Ländern und Kulturen.

Die Karawanenführer zogen in die östlichen Städte der griechischen Provinzen, zum fernen Assyrien, wo sie die Königspaläste am Tigris bestaunten; andere wiederum sahen im Land am Nil die gigantischen Pyramiden, die Sphinx und die Gräber der Pharaonen. Dieses Wissen brachten sie mit nach Hause. Zusätzlich war Petra schon allein durch seine Lage dem Einfluß benachbarter Kulturen ausgesetzt: der ägyptischen, der phönizischen, der aramäischen, der jüdischen und vor allem der griechischen.

Mit Alexander dem Großen drang die griechische Kunst in den Orient vor und vermischte sich dort mit den bereits entwickelten Stilformen zum Hellenismus. Auch auf die Nabatäer blieb das nicht ohne Wirkung. Stolz nannte sich der Nabatäerkönig auf den ersten, griechisch beschrifteten Münzen *Aretas Philhellenos*, »Aretas, der Griechenfreund«. Doch schon in der nächsten Generation waren die Münzen nabatäisch beschriftet.

Mit der Seßhaftwerdung paßte sich das Beduinenvolk zivilisatorisch zwar der mediterranen Umwelt an, entfaltete aber schnell auch eigene schöpferische Fähigkeiten und Talente auf allen Gebieten. Aus dieser Mischung entstand die einzigartige nabatäische Kultur. In der Verwaltung übernahmen die Beduinen viele griechische Elemente; die Oberschicht wurde offenbar zunehmend hellenisiert; ihren Sitten und Gebräuchen nach blieben die Herren von Petra jedoch Araber. Sie schrieben zunächst aramäisch, entwickelten dann aber eine eigene Schriftform, die zum Vorläufer des modernen Arabischen wurde.

Im Lauf des 1. Jahrhunderts v. Chr. begannen die Nabatäer, ihre später so berühmte Keramik herzustellen. Sie schufen absolute Spitzenprodukte, deren Markenzeichen eine bis dahin unerreichte Dünnwandigkeit ist, fast wie bei chinesischem Porzellan: Selbst Gefäße von mehr als 20 Zentimeter Durchmesser sind nur ein bis zwei Millimeter stark. Herausragende Qualität haben die bemalten Objekte; man benutzte sie hauptsächlich bei Leichenschmaus und Totenkult. Die Pflanzenmotive – Mimosenblätter, Oliven, Trauben oder Granatäpfel – hatten religiöse Bedeutung.

Das Gewaltigste und Eindrucksvollste jedoch, was das Beduinenvolk in Petra hinterlassen hat, sind mehr als 700 Gräber im Tal und auf den Höhen, alle vollständig aus dem rotbraunen Fels geschlagen. Die kunstvoll verzierten Fassaden zeigen zum Teil orientalische, zum Teil hellenistisch-römische, aber auch rein nabatäische Stilelemente. Das heißt, die Nabatäer haben auch in der Baukunst zunächst Einflüsse von außen übernommen, dann aber selbst eigene Formen entwickelt. Der Weihrauch hatte die Araber reich gemacht. Und so konnten sie in ihr Felsental die besten Baumeister aus der hellenistischen Welt holen – aus den damaligen Zentren Antiochia und Alexandria. Dort erinnert heute fast kein Gebäude mehr an vergangene Größe. Nur Petra vermittelt noch eine Vorstellung davon, wie diese Welt des Hellenismus einmal ausgesehen haben mag.

Ein repräsentatives Beispiel hierfür ist das sogenannte »Schatzhaus des Pharao«. »Einen Meilenstein nabatäischer

Kultur« nannte es der israelische Archäologe und Nabatäer-Forscher Avraham Negev. Dieses Wunderwerk der Architektur schimmert dem Besucher am Ende des *Siq* entgegen: knapp 40 Meter hoch, 25 Meter breit, ganz aus dem Fels gemeißelt – wie eine Skulptur. Selbst die sechs Säulen an der Vorderfront sind in einem Stück aus dem Stein geschlagen; die schönste Felswand der Welt, wie es heißt.

Dabei weist gerade das Schatzhaus kein einziges rein nabatäisches Stilelement auf, sondern griechisch-hellenistische Formen, eine Art antiken Barock: die korinthischen Kapitelle, die prächtigen Friese, die inzwischen verwitterten Figuren, ehemals Amazonen, Schicksals- oder Siegesgöttinnen.

13 Meter hoch und fast genauso tief erstreckt sich der kahle Innenraum mit seinen drei Nischen. Standen dort einst Götterbilder oder die Särge einer nabatäischen Königsfamilie? War das Schatzhaus Grabmal, Tempel oder beides zugleich? Die Interpretationen und Fragen sind vielfältig: Tempel der ägyptischen Göttin Isis oder der nabatäischen Manathu, Schutzherrin der Karawanen? Wurde der Bau unter Aretas IV. oder einem früheren nabatäischen König errichtet? Wollte sich gar der intrigante Großwesir Sylläus diesen Prachtbau als Grab sichern? Keine Inschrift verrät es. Selbst auf dem Türsturz der Seitenkammer kein einziger Buchstabe, obwohl die glatte Fläche offensichtlich für eine Widmung vorbereitet war. Noch weitere Details, so sagen einige Forscher, deuten darauf hin, daß das Schatzhaus nicht mehr ganz vollendet werden konnte; es fehlt sozusagen der letzte Schliff. Auch die Identifizierung des Fassadenschmucks bleibt spekulativ, weil viele Teile starke Schäden durch Verwitterung aufweisen. Das Schatzhaus als Ganzes hat sich allerdings im Gegensatz zu anderen Gräbern sehr gut erhalten; es steht an wettergeschützter Stelle.

Einig sind sich die Wissenschaftler nur in wenigen Punkten: Das *Khazne* wurde als Grabmal zwischen dem 1. Jahrhundert vor und dem 1. Jahrhundert n. Chr. erbaut, also in der Blütezeit Petras, und zwar von ausländischen Künstlern, vermutlich aus Alexandria. Bestimmte Stilelemente ahmten die Steinmetzen an anderen Fassaden nach. Das Schatzhaus steht – als Zeugnis für Wohlergehen und Bedeutung der Stadt – an herausragender Stelle am Ende des *Siq*.

1910 wurde der Bau erstmals vermessen. Der Forscher Gustaf Dalman brachte dazu aus Jerusalem eine eigens konstruierte Leiter mit. »Schatzhaus des Pharao« ist übrigens ein reiner Phantasiename aus dem 19. Jahrhundert. Den Königen des alten Ägypten schrieben die Beduinen der Neuzeit vieles zu, was ihnen in Petra groß und gewaltig erschien. Die Beduinen glaubten, in der steinernen, dreieinhalb Meter hohen Urne an der Spitze des Schatzhauses seien Gold und Edelsteine verborgen – ein orientalisches Märchen. Doch auch Wissenschaftler vergessen manchmal ihre sonst so nüchterne Sprache und erliegen der Faszination des antiken Monuments.

Der Archäologe Bliss beschreibt kurz vor der Jahrhundertwende seine Gefühle so: »Dort, aus der gegenüberliegenden Wand der Querschlucht hervortretend und von sanftem Licht überflutet, ist ein köstlicher Tempel aus Sandstein gemeißelt. Die Oberfläche erinnert an eine Kamee, die Farbe an die rosengetönte Morgenröte. Seine Proportionen sind edel, aber in diesem ersten erhabenen Augenblick kalkuliert man keine Maße, analysiert keine Farbwerte, erwägt man keine Architekturprobleme. Hier, so weit von allem, was zu den Errungenschaften der Zivilisation gehört, öffnet man sein erstauntes, aber dankbar erfülltes Gemüt, um den Glanz dieses Erbes von Gott und Mensch in sich aufzunehmen.«

Karawane nach Petra

Paläste für das ewige Leben

Da man in Petra nur wenige Bestattungen und nur ganz vereinzelt Inschriftenreste fand, benannte man die Gräber nach äußeren Merkmalen – wie zum Beispiel das 46 Meter hohe Palastgrab, eine der gewaltigsten Anlagen. Ob die breite, über zwei Etagen mit Säulen geschmückte Fassade einer fürstlichen Residenz des hellenistischen Orient nachgebildet ist, wie der jordanische Archäologe Fawzi Zayadine glaubt, oder – nach Meinung des Briten Iain Browning – als »theatralischer Hintergrund für Staatsbegräbnisse mit all ihrem Schaugepränge, ihren Prozessionen und Ritualen von orientalischer Intensität« diente, bleibt umstritten. Fest steht inzwischen nur, daß es auf keinen Fall die »Königspfalz« von Petra gewesen ist, wie lange angenommen wurde. Im Inneren gibt es nur vier kleine Säle von maximal zehn mal sieben Meter – indiskutabel für eine königliche Wohnung.

Dem Korinthischen Grab ganz in der Nähe gaben die Säulen den Namen. Es ist ungeschützt dem Wind ausgesetzt und von Erosion stark zerfressen. Das mächtige Urnengrab erhebt sich 23 Meter über einer gemauerten Plattform nabatäischen Ursprungs. Als in Petra das Christentum Einzug gehalten hatte, feierten die Gläubigen hier ihre Gottesdienste. Im Jahr 446 wurde der Bau zur »Kathedrale« geweiht. Die Vermutung aus dem 19. Jahrhundert, daß diese imposanten Mausoleen der »Königswand« – in der Nähe des alten Stadtzentrums – mit ihren aufwendig gestalteten Fassaden Bestattungsplätze nabatäischer Könige seien, scheinen die neuesten Forschungen zu bestätigen. All diese Gräber müssen schon in der Antike beraubt worden sein.

El Khazne, das »Schatzhaus des Pharao«, vermutlich ein Tempel aus dem 1. Jahrhundert v. Chr.

Karawane nach Petra

Mit Sicherheit aber liegt am Ende der Reihe die letzte Ruhestätte des römischen Gouverneurs der *Provincia Arabia*, Sextus Florentinus. Das weist eine lateinische Inschrift nach. Mehr als 700 Gräber hat man in der Totenstadt gezählt. Sie dokumentieren verschiedene Entwicklungsstufen und Stile der Baukunst. Zu den ältesten Formen gehören die Blockgräber vor der Schlucht nach Petra. Besonders häufig sind Zinnengräber zu finden, auch Assyrische Gräber genannt: 156 Fassaden mit einer Zinnenreihe und 81 mit zwei Friesen. Schon reicher geschmückt die Treppengräber; sie tragen Halbsäulen und nabatäische Hörnerkapitelle. Einzigartig in seiner Gestaltung ist das sogenannte Obeliskengrab vor dem *Siq*.

Noch ein anderer Prachtbau Petras soll erwähnt werden: Hoch oben in den Felsen, etwa eine Stunde Fußmarsch entfernt vom Stadtzentrum, steht der monumentale Felsentempel *ed-Deir*, das sogenannte Kloster, noch halb in die Felswand geschmiegt. Seine 48 Meter hohe gelbbraune Fassade ist offensichtlich dem Schatzhaus nachgeahmt, jedoch strenger im Stil. Die rein nabatäischen Kapitelle verraten den einheimischen Baumeister. In den fünf Außennischen standen offenbar einmal Statuen – ob Götterbilder oder Skulpturen Verstorbener, wissen wir nicht. Im Innenraum fehlen Wand- oder Bodennischen für Bestattungen. Demnach scheint der Bau als Tempel gedient zu haben.

Eine Inschrift in der Nähe erwähnt den gottgleichen König Obodas III., dessen Grab man in der nach ihm benannten Stadt Oboda, dem heutigen Avdat im Negev, vermutet. Obodas wurde nach seinem Tod auch in Petra verehrt. *Ed-Deir* könnte also sein posthumes Heiligtum gewesen sein, entstanden nach der Zeitenwende. Er starb im Jahr 9 v. Chr.

Unvollendete Gräber zeigen, daß die Steinmetzen von oben nach unten arbeiteten. Je nach Beschaffenheit der Umgebung standen sie dabei auf einem natürlichen Sims, oder sie bauten ein Gerüst. An den Seiten des Schatzhauses sind noch die Befestigungsspuren zu erkennen. An den anderen Großgräbern hat man sie entweder entfernt oder eine andere Technik angewandt. Zunächst glätteten die Arbeiter die Felswand, dann machten sie vermutlich die Vorzeichnung. Als Werkzeug benutzten sie eine Art Spitzhacke. Für eine der großen Anlagen wie das Schatzhaus mußten ungefähr 8000 Kubikmeter Fels ausgehauen werden, rund 20 000 Tonnen – eine immense Leistung, obwohl der Sandstein relativ weich und dadurch nicht so schwer wie andere Gesteinsarten zu bearbeiten ist. Wie viele Männer an einem solchen Bau schufteten und wie lange die Fertigstellung dauerte, wurde nicht überliefert. Doch jahrhundertelang muß durchs Tal von Petra das Echo der Hammerschläge geklungen haben.

Daß wir außer den Gräbern und Kleinfunden wie Münzen oder Keramik so wenig von der nabatäischen Kultur kennen, hat einen Grund: Das Beduinenvolk hinterließ keine Schriften, die uns vom Alltag vor 2000 Jahren erzählen. Die Nabatäer waren schreibkundig und hatten sogar eine eigene Schrift. Aber waren sie auch schreibfaul, wie ein Archäologe spaßhaft fragte?

Es gibt zwar zahlreiche nabatäische Inschriften, doch sie sind – bis auf wenige Ausnahmen – undatiert und nicht in einen historischen Zusammenhang zu bringen. An den Felswänden im Wadi Mukattab im südlichen Sinai hinterließen die Beduinen auf ihrem Zug durch die Wüste Tausende von Graffiti. So ritzten sie ihre Lieblingstiere in die Steine oder einfache Grußformeln mit ihren Namen, wie »Friede dem Kalbu, dem Sohn von Saidu im Guten«.

Auch Petra selbst ist nicht arm an steinernen Botschaften. Aber keine verrät uns, wer hinter den kunstvoll ausgehauenen Fassaden bestattet war. Es gibt überhaupt nur eine einzige nabatäische Grabinschrift in dem riesigen Felsental. Sie ist perfekt erhalten und in bester Kalligraphie am sogenannten Turkmaniyeh-Grab eingemeißelt. Auch sie nennt zwar weder Namen noch Datum, aber sie verrät den Grund dafür:

»Dieses Grab und der große und der kleine Innenraum und alles, was sich hier befindet, ist geheiligt und geweiht dem *Duschara*, unserem Gott und allen anderen Göttern gemäß den heiligen Schriftstücken. Und es darf niemand hier begraben werden, für den keine Erlaubnis aufgezeichnet ist in diesen heiligen Schriftstücken – auf ewig.« Das bedeutet: Die Besitzer aller Gräber waren aufgelistet – entweder im Tempel oder im Katasteramt. Daher stehen an den Gräbern selbst keine Namen. Diese »heiligen Schriften« sind für immer verloren, vielleicht verbrannt oder verrottet.

Tempel bauten die Nabatäer sicher bald, nachdem sie sich in Petra niedergelassen hatten. Ein Katasteramt kann dagegen nur im Zuge einer aufblühenden Zivilverwaltung entstanden sein, am ehesten unter König Obodas III. kurz vor der Zeitenwende. Unter seiner Regierung begann die regelmäßige Prägung von Münzen – ein wichtiges Indiz für den wirtschaftlichen Fortschritt. Gerade dieser Umstand deutet auf eine gut funktionierende Zivilverwaltung hin.

In der Nähe des Theaters erstrecken sich in mehreren Höhenstufen ganze Gräberreihen – die ältesten und kleinsten im Tal, darunter auch einige der seltenen Bogengräber. Über der Tür haben manche von ihnen einen merkwürdigen Querschlitz. Der Nabatäer-Forscher Karl Schmitt-Korte nimmt an, daß in diesen Schlitzen Holzbalken angebracht waren, auf denen der Name des Besitzers geschrieben stand. Bei Bedarf – zum Beispiel beim Verkauf des Grabes – konnte der Balken einfach ausgewechselt werden.

Nach Einführung des Katasteramtes wurden die Eigner nicht mehr auf die altertümliche Weise registriert, sondern durch eine »moderne« Verwaltung erfaßt. Somit lassen sich die »schweigenden Gräber von Petra« in zwei Gruppen einteilen: Diejenigen mit Steinschlitz stammen aus der Zeit von oder vor Obodas III. (30 bis 9 v. Chr.), die anderen wurden später gebaut.

35 Gräber in Hegra, dem heutigen Medain Salih in Saudi-Arabien, tragen allerdings ausführliche nabatäische Inschriften: Sie nennen den Namen des Besitzers, einige sogar den des Steinmetzen; zudem sind sie datiert, manche auf den Tag genau. Ein Beispiel aus dem Jahr 35 n. Chr., also aus der Periode, in der die Zivilverwaltung in Petra schon funktionierte:

»Dies ist das Grab, das Abd-Obodas, der Sohn von Aribas, für sich selbst gemacht hat und für Wa'ilat, seine Tochter, und all ihre Nachkommen. Niemand hat das Recht, dieses Grab zu verkaufen, zu verpfänden oder zu vermieten oder eine anderweitige Verfügung darüber zu treffen, auf ewig. Falls jedoch Huru, der Bruder von Abd-Obodas in Hegra weilen und hier vom Tode heimgesucht werden sollte, so ist auch er hier zu begraben und nur er allein. Wenn jemand dem zuwiderhandelt, was hier geschrieben ist, so lädt er eine Schuld auf sich von 2000 Sela Aretas für unseren Herrn.

Im Monat Tebet, im Jahr 44 von Aretas, dem König der Nabatäer, der sein Volk liebt. Aftakh, der Sohn von Abd-Obodas, der Steinmetz, hat dies gemacht.«

Diese Inschriften belegen mit dem Anfangswort *Kavra* – »Grab« – eindeutig, daß es sich hier nicht um Wohnungen handelt, wie immer wieder behauptet wird. Erklären kann man die Besitzurkunden in Stein wohl damit, daß Hegra zu weit von der »Zentrale Petra« entfernt war und der »Arm der Verwaltung« nicht bis dorthin reichte. Vor Ort gab es offenbar kein Katasteramt.

Hegra war der große Umschlagplatz, an dem die Nabatäer die Waren aus dem Süden übernahmen und weitertransportierten. Die Stadt liegt nordwestlich von Medina in einem weiten Wüstengebiet, über das große Felsen verstreut sind – wie »Brote in der Landschaft«. In diese Felsen schlugen die kunstfertigen Steinmetzen ungefähr einhundert Gräber. Sie ähneln im Stil denen von Petra; die Frontseiten sind jedoch stärker verziert – mit Rosetten und Adlern, selbst ein Gorgonenhaupt und die Sphinx gehören hier zu den dekorativen Elementen.

Der Koran erwähnt Hegra unter dem alten arabischen Namen *el-Hijr*, zugleich Titel der 15. Sure. Darin wird das Strafgericht Allahs geschildert, das er über die Stadt und ihre Bewohner niedergehen ließ. Sie waren den Weisungen des Propheten Salih nicht gefolgt und hatten seine Wunderzeichen mißachtet. Daran knüpft sich der moderne Ortsname *Medain Salih*, »die Städte des Salih«. Als erster Europäer der Neuzeit besuchte der englische Schriftsteller Charles M. Doughty 1876 die Ruinen von Hegra. Seine Erinnerungen in dem umfangreichen Werk *Arabia Deserta* wurden inzwischen zu einem Klassiker der englischsprachigen Literatur.

Um die Entzifferungen der Inschriften hat sich neben anderen der deutsche Gelehrte Julius Euting verdient gemacht. Die Steintafeln von Hegra sind vollständig lesbar und gehören zu den wichtigsten Texten, die wir von den Nabatäern überhaupt besitzen.

Friedhofsruhe und Alltagslärm

Zurück nach Petra, in die Stadt der Toten. Doch wo und wie haben die Nabatäer eigentlich gelebt: im Talkessel selbst, auf den Höhen oder gar außerhalb – im heutigen Dorf Wadi Musa vielleicht? Immer wieder gab es auch Zweifel, ob die prächtigen Fassaden der Gräber nicht doch Hausfassaden gewesen seien. Durch Grabungen in den dreißiger Jahren wurde wenigstens nachgewiesen, daß einige Höhlen als Wohnungen ausgebaut waren. Vermutlich siedelten dort die einfacheren Leute, sozusagen am Rande des nabatäischen »Wirtschaftswunders«.

Selbst über die Einwohnerzahl herrscht keine Einigkeit. Schätzungen, daß um die Zeitenwende rund 10 000 Menschen die Stadt bevölkerten, dürften eigentlich zu niedrig sein; denn das Theater – unter Aretas IV. um die gleiche Zeit entstanden – faßt auf seinen 40 Steinbänken allein schon 8500 Zuschauer. Ob in diesem Theater tatsächlich Schauspiele aufgeführt wurden oder ob es rein »rituelle Funktion beim Bestattungskult« hatte, wie der israelische Nabatäer-Forscher Avraham Negev glaubt, auch dies wird wohl weiterhin eine Streitfrage bleiben.

Immerhin wurden beim Bau über dem oberen Rang ältere Gräber angeschnitten. Das spricht nicht für Rücksicht auf Ruhe und Weihe einer Nekropole und somit eher gegen eine religiöse Bedeutung des Theaters. Außerdem verlief die Hauptstraße zum Stadtzentrum unmittelbar vor dem Bühnengebäude – für einen Kultplatz wäre das ungewöhnlich.

»Grab des Generals« in Hegra (Saudi-Arabien). Eine Inschrift datiert es in das Jahr 63 n. Chr.

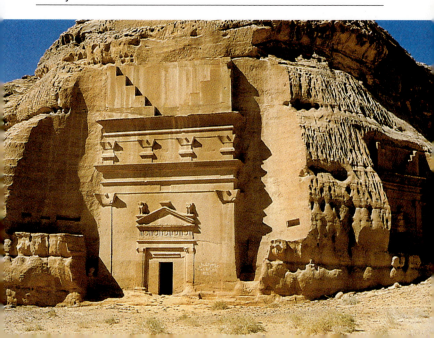

Das riesige Halbrund wurde komplett aus dem gewachsenen Fels gemeißelt. Als der amerikanische Archäologe Philip Hammond 1961 mit den Ausgrabungsarbeiten begann, lagen Bühne, Orchestra und große Teile der Sitzreihen unter Schutt und Erde begraben.

Dies trifft in noch höherem Maße auf die Privat- und Hausarchitektur Petras zu: Weniger als ein Prozent des Stadtgebietes ist bislang freigelegt. Das Interesse der Wissenschaftler galt schon immer mehr den großen öffentlichen Gebäuden und spektakulären Gräbern. Um so verdienstvoller sind daher die neuesten Forschungen des Baseler Archäologen Rolf A. Stucky. »Das materielle Erbe der Nabatäer in Petra ist weitgehend ein weißer Fleck in der Kulturgeschichte des Vorderen Orients«, sagt der Forscher. »Wir kennen weder die Entwicklungsstufen der Siedlung noch ihre größte Ausdehnung, noch die Raster, nach denen die Stadt in den verschiedenen Epochen angelegt war. Die Nabatäer wurden geboren, haben Gräber gebaut und sind gestorben. Sonst wissen wir nicht viel von ihnen.«

Die Frage, ob es in Petra überhaupt Steinhäuser gab, konnte inzwischen positiv beantwortet werden. Seit 1987 gräbt das Archäologenteam auf der Terrasse von *Ez Zantur* einen umfangreichen Wohnkomplex aus. Die akkurat behauenen und solide gefügten Steine der obersten Schicht stammen zwar von einer Neubesiedlung in spätrömischer Zeit, im 4. Jahrhundert n. Chr. Sie stehen jedoch auf der Basis eines fast 400 Jahre älteren Nabatäerhauses von mindestens zwölf Meter Länge und zehn Meter Breite.

Von Wohnluxus in den offiziellen Empfangsräumen für Besucher zeugen sorgfältig verlegte Kalksteinplatten; aus dem Durchmesser der Säulentrommeln ist eine Raumhöhe von 3,30 Meter zu errechnen. Offene Dächer leiteten Licht und Luft in die Zimmer, die Wände waren mit ausgesucht schönen Farben bemalt; zusammen mit den korinthischen Kapitellen entsprachen all diese Raffinessen dem zeitgenössischen – also dem hellenistischen – Standard.

Die Privaträume und der Hof dagegen zeigen keinerlei Spuren von westlich inspirierten Elementen. Dieses Haus spiegelt somit die Tendenz der gesamten nabatäischen Kultur wider: griechischer Einfluß, gemischt mit lokaler Tradition.

Professor Stucky konnte auf der natürlichen Geländeterrasse den Wechsel vom Nomadentum zur Seßhaftigkeit in seinen einzelnen Phasen nachweisen. Die untersten Schichten nämlich – dicht mit Knochensplittern und Keramikscherben durchsetzt – deuten darauf hin, daß hier zwischen dem 1. und 2. Jahrhundert v. Chr. noch Wohnzelte standen. Man darf sich Petra zu dieser Zeit wohl als lichte, über die einzelnen Terrassen verstreute Siedlung aus Zelten vorstellen. Doch auch die festen Bauten der späteren Zeit nahmen weder in der Ausrichtung noch in ihrer Dimension Rücksicht auf benachbarte Häuser, wie der Schweizer Archäologe feststellt. Sie wurden einfach auf die einzelnen Geländeterrassen hingestellt, offensichtlich ohne jedes städteplanerische Konzept und auch ohne Stützmauern. Die Außenwände standen oft direkt auf den Kanten der Terrassen. Ganze Raumkomplexe rutschten immer wieder die Abhänge hinunter.

Die Nabatäer schätzten zwar den Luxus hellenistischer Wohnhäuser, die sie auf ihren Handelsreisen in den Metropolen Alexandria, Antiochia oder Athen kennengelernt hatten. Unbekannt blieben ihnen aber über lange Zeit die Ingenieurwissenschaften der Griechen und somit praktische bautechnische Kenntnisse im Bereich der Statik. Als Beduinen waren sie von alters her an unstabile Behausungen gewohnt und nahmen daher die ständig wiederkehrenden Erneuerungs- und Absicherungsarbeiten in Kauf. So erklärt Professor Stucky diese über 100 Jahre lang praktizierte unbekümmerte Bauweise.

Da die Nabatäer sehr an der konservativen Lebensart einstiger Nomaden festhielten, paßten sie die Wohnquartiere auch nicht dem Muster anderer Metropolen an. So kannten sie keine begradigten oder sich kreuzende Hauptstraßen, keine Bürgersteige und kein Abwassersystem wie andere Städte im Orient. Als die Römer in das Felsental einzogen, wurde wenigstens das Zentrum Petras dem städtebaulichen Konzept der Zeit angepaßt. Die Außenmauern der Heiligtümer, Marktplätze und anderer öffentlicher Gebäude grenzten sich mit rechtwinklig aufeinanderstoßenden Mauern voneinander ab und waren auf die Kolonnadenstraße ausgerichtet. Doch die Wohnquartiere mit ihrer Kombination von Steinhäusern, Lehmziegelbauten und Zelten in den Außenbezirken glichen weiterhin eher einem massiven Zeltlager als einem planvoll angelegten Wohnbezirk. Vielleicht aber werden künftige Grabungen andere Entdeckungen zutage fördern.

Mosaiken im Negev

Welch hervorragende Architekten die Nabatäer letztendlich doch noch wurden, sehen wir in ihren Städten im Negev. Sechs blühende Siedlungen entwickelten sich dort aus früheren Karawansereien an der Handelsstraße nach Gaza, dem wichtigen Ausfuhrhafen am Mittelmeer.

Die Nabatäer waren darauf bedacht, ihr Versorgungszentrum im westlichen Distrikt möglichst nahe an die Küste zu legen. So gründeten sie zunächst das Städtedreieck Oboda (das heutige Avdat) im Süden, Elusa (Khalutza) im Norden und Nessana (Nizzana) im Westen. Später erweiterten sie das Dreieck zu einem sechszackigen Stern mit Rehoboth (Rehovot ba-Negev), Mampsis (Mamshit) und Sobata (Shivta).

Gemessen an der Größe moderner Siedlungen im Negev und den international bekannten Leistungen des Staates Israel bei der wirtschaftlichen Nutzbarmachung der Wüste, stehen die antiken Nabatäerstädte durchaus auf gleicher Ebene. Was umfangreiche Grabungen – vor allem des Archäologen Professor Avraham Negev – ans Licht brachten, ist meist nur ein Bruchteil der einst mächtigen Stadtanlagen. Vieles wurde rekonstruiert; die Mauern, die wir heute sehen, stammen aus byzantinischer, das heißt christlicher Zeit – aus dem 4. und 5. Jahrhundert. Darunter liegen aber die Reste älterer Siedlungen aus der Periode des nabatäischen Königtums.

Selbst nach der römischen Eroberung und später unter byzantinischer Oberherrschaft lebten die Nabatäer weiter im Negev. Diese Epoche ist geprägt von Wohlstand und wirtschaftlichem Aufschwung. Der Fortschritt, den die Nabatäer im Bauwesen machten, zeigt sich am deutlichsten in Mampsis. Die Stadt besaß vermutlich eine Architekturschule für Planung und Konstruktion von Tempelanlagen und Wohnhäusern.

Obwohl auch hier die Gesamtanlage der Stadt konzeptionslos erscheint, läßt sich an vielen Details der Ruinen ein meisterlicher, hochentwickelter Baustil erkennen, der Mampsis vermutlich zur architektonischen »Modellstadt« machte: ein zweistöckiges Haus, der sogenannte Palast, mit Treppenturm und Terrasse; die dachtragenden traditionellen Steinbögen, deren Konstruktion die Nabatäer perfektionierten, und Balkons, die auf Rundsäulen gestützt waren. Jedes größere Gebäude bildete eine eigene kleine Festung, meist mit einer Zisterne innerhalb der Mauern und einem Wachturm.

Im östlichen Stadtteil legten die Archäologen das prächtigste Privathaus frei. Innenhöfe, Wohn- und Vorratsräume, ein Badezimmer mit Toilette und Treppentürme nehmen eine Fläche von 2000 Quadratmetern ein. Einen Raum im südlichen Flügel hatten Künstler üppig mit Fresken ausgemalt, doch blieben nur Reste der mythologischen Szenen erhalten. Die Fußböden im oberen Stockwerk waren einmal mit Mosaiken ausgelegt; in den Trümmern fanden die Ausgräber Unmengen der kleinen bunten Steinchen. Es ist das einzige Haus in Palästina, in dem auch im Obergeschoß Mosaiken entdeckt wurden. Der größte Schatz jedoch verbarg sich unter dem Treppenabsatz des Freskenhauses: ein eingemauertes Bronzegefäß mit 10 500 Silbermünzen. Sie tragen Porträts der römischen Kaiser aus dem 3. Jahrhundert. Das Vermögen gehörte wahrscheinlich einem reichen Pferdehändler, denn die wirtschaftliche Basis von Mampsis war die Pferdezucht. Damals wog man das Gewicht der edelsten Hengste in Silber auf.

Die großzügig angelegten Stallungen beeindrucken noch heute. In der mittleren Halle lagerte man das Futter; die »Seitenschiffe« – durch Bogentore mit dem Zentralraum verbunden – boten jeweils mehr als 30 Pferden Platz. Allerdings streiten Fachleute, ob die Pferde wirklich in diesen engeren Seitenräumen untergebracht wurden. Wir ließen Araberpferde dorthin führen; obwohl es kein archäologisches Langzeitexperiment sein konnte, stellten wir fest, daß sich die Tiere offensichtlich wohl und durchaus nicht eingeengt fühlten.

»Araberpferde« waren ursprünglich keine eigene Rasse; erst ab der Zeitenwende wurde eine kleine, stämmige Rasse aus Asien mit einer großen, leichtfüßigen aus Afrika gekreuzt. Daraus züchteten und trainierten die Araber ihre berühmten Tiere. Die Nabatäer setzten das Pferd nicht so häufig ein wie das Kamel, weil es für die langen Wüstenritte weniger geeignet war; in ihrer Kunst erscheint es ab dem 1. Jahrhundert v. Chr. als kleines Figürchen und später auch auf den Graffiti im Sinai.

Als Europäer staunen wir immer wieder, wenn wir plötzlich in einer Wüste vor grünen Flächen oder gar vor blühenden Bäumen stehen. In der Neuzeit haben sich besonders die Israelis mit der Bewirtschaftung von Trockenzonen einen Namen gemacht. Ihr Know-how geht teilweise auf Techniken der Nabatäer zurück. Diese betrieben – wie in Petra – auch im Negev eine geniale Wasserwirtschaft, obwohl dort pro

Jahr durchschnittlich nicht mehr als 100 Millimeter Niederschlag fällt. Aber es gibt in jedem Winter wenigstens eine Regenflut.

In Mampsis zum Beispiel fehlte jede natürliche Quelle. So bauten die Ingenieure der Antike zwei solide Talsperren im Wadi, dem Trockental am Fuß der Stadt, und leiteten die Wassermassen der Winterregen in große Speicherbecken mit einem Fassungsvermögen von etwa 10 000 Kubikmeter – genug für zwei Jahre. Die Bewohner holten das Wasser mit Tonkrügen hinauf in die Häuser und füllten ihre privaten Zisternen. Sogar Thermen, öffentliche Bäder, konnten in Mampsis betrieben werden – mitten in der eigentlich wasserlosen Einöde.

Unterhalb von Oboda, der wichtigsten Versorgungsstation für die Karawanen auf ihrem Weg nach Gaza, rekonstruierten die Israelis ab 1960 unter Leitung von Professor Evenari die alte Nabatäerfarm, die noch heute bewirtschaftet wird. Ihr Erfolg beruht auf gezielter Erosion, auch dies eine Erfindung der Nabatäer: Sie räumten die umliegenden Hügel von Steinen frei. Normalerweise schließt der fruchtbare Lößboden seine Oberfläche beim ersten Regentropfen. Das Wasser läuft nutzlos ab – wie an einem Gummituch. Ist der Boden aber frei von Steinen, schwemmt die Erde ins Tal. Kleine Mäuerchen stauen Wasser und Schlamm. So entwickelt sich, nur mit natürlichem Niederschlag, ein fruchtbarer Garten.

Für dieses »Einsammeln« des Regenwassers braucht der Farmer das Zwanzig- bis Dreißigfache der Anbaufläche. Nur so kann den Gewächsen ausreichend Feuchtigkeit zugeführt werden. Der normale Niederschlag deckt den Bedarf einer saisongebundenen oder ganzjährigen Pflanze nicht. Dank dieser sogenannten Sturzwasser-Landwirtschaft ohne technische Hilfsmittel ernteten die Bewohner der Negevstädte schon vor 2000 Jahren in der »Wüste« Mandeln, Pistazien, Obst, Getreide und Weintrauben.

Eine gut erhaltene Kelteranlage aus byzantinischer Zeit steht in Sichtweite der Farm, bei der Akropolis von Oboda. Dorthin brachten die Winzer der Umgebung ihre gefüllten Körbe. In einem quadratischen, gepflasterten Mittelraum wurde die Weinpresse bedient. Der Most lief durch eine unterirdische Röhre in tiefer gelegene Tanks, und wenn sich seine groben Bestandteile abgesetzt hatten, füllte man ihn in große Tonkrüge ab.

Die Landwirtschaft im zentralen Negev machte es möglich, daß sich nach und nach dreimal mehr Menschen als zuvor dort ansiedeln konnten. Die Israelis haben die Erfindung der Nabatäer längst weiterentwickelt und exportieren das einfache und erfolgreiche Konzept auch in Länder der Dritten Welt. »Die Nabatäer sind nicht nur für unser Land wichtig, sondern sozusagen für die ganze Geschichte«, sagt Professor Avraham Negev. »Denn dieser Nomadenstamm vollbrachte in seiner relativ kurzen Existenz eine wahrhafte Revolution: Man produzierte Wasser und damit Energie. Und das ist nicht nur eine Lehre für uns hier, sondern für die ganze Menschheit.«

Christi Kreuz im Beduinenland

Die Geschichte der Nabatäer im Negev enthält auch ein Kapitel über das Christentum. In jeder ihrer Städte stehen Kirchen. Zum Teil sind sie erbaut aus Resten heidnischer Tempel.

Gleich drei Ruinen byzantinischer Gotteshäuser erheben sich aus den Trümmerbergen von Shivta, dem antiken Sobata. Die hohen Apsiden mit ihren perfekten, gleichmäßig gemauerten Gewölben erscheinen dem Besucher wie Refugien einer Macht, die allem irdischen Verfall trotzt. Weiße Marmorbrocken liegen herum, Hunde streunen entlang der verlassenen Mauern, ockerfarben wie der Sand und das Gestein.

Byzantinische Kirche in Shivta/Israel, dem antiken Sobata

Schon im Altertum lag Shivta abseits der großen Routen und profitierte nicht direkt vom Karawanenhandel, war aber dennoch eine florierende Metropole. Auch heute verirren sich kaum Touristen in die einsame Gegend. So bleiben die breiten Straßen und Plätze unendlich still; von den gut erhaltenen Häusern geht ein unerklärlicher Zauber aus. Es scheint, als wären die einstigen Bewohner gerade erst verschwunden.

Viele Wände und Mauern sind mit christlichen Symbolen geschmückt. Ab etwa 330 – noch zu Lebzeiten von Kaiser Konstantin dem Großen – bekannten sich die ersten Nabatäer zu der neuen Religion. Sie verbreitete sich aber zunächst nur langsam.

Genauso sparsam wie ihre Vorfahren in Petra waren auch die christlichen Araber im Negev mit Inschriften. Es ist überhaupt nur eine einzige, eindeutig christliche Botschaft eines Nabatäers bekannt, und die ist zudem noch verschlüsselt. Der Forscher Karl Schmitt-Korte fand das »Kreuzworträtsel aus dem Altertum« im Wadi Mukattab im Sinai. Ein gewisser Maslam, vermutlich der Kommandeur der Kameltruppen im Sinai, ritzte seinen Namen dort in die Felswand; es wäre aber gegen die Regeln der Nabatäer, nur einen einzelnen Namen zu schreiben. Liest man die Buchstaben mehrfach, ergibt sich die übliche Grußformel: »Friede dem Maslam, dem Sohn des Maslam, dem Kommandeur, im Guten und Wohlergehen.« Die Mehrfachlesung ist nur deshalb möglich, weil der Name »Maslam« aus denselben Buchstaben besteht wie die restlichen Worte der Grußformel.

Doch das Wichtigste meißelte Maslam auf beiden Seiten seines Namens ein: ein Christogramm, die Anfangsbuchstaben des Namens Christus auf griechisch, das Symbol der Christen im 4. Jahrhundert. Damit gibt er sich als Anhänger eines Glaubens zu erkennen, der sich zu dieser Zeit in Arabien noch lange nicht durchgesetzt hatte. Stilistische Vergleiche mit Christogrammen auf Münzen erlauben die Datierung der Inschrift zwischen 350 und 360. Damit ist dies bis jetzt die einzige christliche Inschrift eines Nabatäers und zugleich die älteste christliche Inschrift Arabiens.

Einen geradezu sensationellen Fund machten Archäologen 1993 in Petra: Sie bargen ein Bündel verkohlter Papyrusrollen, das in den Ruinen der Kirche versteckt war. Seitdem arbeitet ein amerikanisch-finnisches Expertenteam an der Entzifferung. Noch Jahre wird es dauern, bis sie die schwierige Aufgabe abgeschlossen haben. Jede der hauchdünnen Schichten muß sorgfältig aus dem verbrannten Haufen gelöst werden. Selbst kleinste Fetzchen dürfen nicht verlorengehen: ein Puzzle mit Botschaften aus der Vergangenheit.

Die Wissenschaftler haben inzwischen 60 Rollen identifiziert. Sie kleben die Fragmente auf Spezialpapier und setzen

Karawane nach Petra

sie mühsam zusammen. Die griechische Schrift läßt sich trotz des Brandes noch erstaunlich gut lesen. Nach und nach erschließt sich das Kirchenarchiv von Petra aus dem 6. Jahrhundert, bislang ein weißer Fleck in der Stadtgeschichte. Die Texte, darunter Testamente und Verträge, erzählen von Menschen aus Petra, von Christen. Wir erfahren Näheres über ihre wirtschaftliche und soziale Situation. Da vermacht ein Schwerkranker seine gesamte Habe der Kirche, stellt aber die Bedingung, daß seine Mutter für den Rest ihres Lebens mit allem Nötigen versorgt wird. Eine andere Rolle listet den umfangreichen Besitz des verstorbenen Obodianus auf und erwähnt einen Mann namens Dusarios. Der Name »Dusarios« interessiert in diesem Zusammenhang besonders, denn er geht zurück auf den nabatäischen Hauptgott *Duschara*, ist also ursprünglich heidnisch; doch hier trägt ihn ein Christ.

In den Texten tauchen aber noch mehr traditionelle altarabische Namen zwischen christlichen und griechischen auf. Das bedeutet, daß die Nabatäer noch im 6. Jahrhundert in Petra lebten. Das ist neu für die Wissenschaft. Man wußte allerdings, daß sich ab 350 die Mehrzahl der Beduinen nach und nach zum Christentum bekannte; es sind auch Bischöfe aus Petra bekannt, die ab 325 an den wichtigen Konzilen teilnahmen. Und das Urnengrab wurde 446 zur Kathedrale von Petra geweiht.

Es bleibt mit Spannung abzuwarten, welche Botschaften die Forscher dem verkohlten Kirchenarchiv von Petra noch entlocken werden. Wir können uns leicht vorstellen, welch große Wissenslücke über die frühere Epoche des Beduinenvolkes mit einem Schlag geschlossen wäre, wenn eines Tages auch die alten, heiligen Tempelschriften der Nabatäer gefunden würden.

Kulisse für ein Leichenfest

Mit der fortschreitenden Christianisierung war Petras Rolle als Zentrum der nabatäischen Religion, die das Ende des Königtums und auch die Provinzialisierung durch die Römer überdauert hatte, allmählich ausgespielt. Vermutlich haben die Nabatäer damals auch aufgehört, sich als eigenes Volk zu fühlen.

Jahrhundertelang hatten sie ihren obersten Gott *Duschara*, den Herrn der Shera-Berge, angebetet. Steine in Obeliskenform, die sogenannten Betyle, symbolisierten die frühe Vorstellung von Gottheiten. Die behauenen Blöcke kündeten von göttlicher Anwesenheit oder waren – nach dem Verständnis der Gläubigen – sogar der Gott selbst. Aus diesen primitiven Urformen entwickelten die Nabatäer Steine mit Augen und dann Idole, die stilisierte, doch schon vollständig ausgearbeitete Gesichter haben. In hellenistischer Zeit fertigten sie Götterbilder mit ausdrucksvollem menschlichem Antlitz.

Duschara wurde mit Zeus, dem Göttervater der Griechen, gleichgesetzt, trägt aber auch Züge des populären Fruchtbarkeits- und Weingottes Dionysos. Neben den griechischen rückten noch weitere fremde Götter in das nabatäische Pantheon – auch solche aus altorientalischen und südarabischen Kulten. Sie alle fanden ihren Platz in der religiösen Tradition des Händlervolkes.

Die Nabatäer kannten auch weibliche Gottheiten, zum Beispiel *Allat*, die Gemahlin des *Duschara*. Sie gleicht der griechischen Liebesgöttin Aphrodite und Athene, der Göttin der Weisheit, *Al-Uzza* hat ebenfalls Ähnlichkeit mit Aphrodite. Zudem verehrte man die ägyptische Göttin Isis, von der in Petra mehrere Statuetten und Inschriften gefunden wurden.

Die Nabatäer waren ein tief religiöses Volk. Überall richteten sie kleine private Heiligtümer oder Kultplätze ein. Hier brachten die Familien den Göttern ihre Gaben dar. Wichtige Zeremonien beging man auf dem großen Opferplatz – hoch oben auf den Gipfeln der Berge. Das Plateau ist an drei Seiten mit Steinbänken eingefaßt. Dort versammelte sich die Menge, wenn die Priester ihr Handwerk verrichteten. Sie töteten die Tiere; das Fleisch verzehrten später alle gemeinsam; das Blut wurde in Schalen aufgefangen und den Göttern geweiht. Blut gilt bei den Stämmen der Wüste seit Urzeiten als Schutzzeichen vor Dämonen.

Nicht nur in Petra, sondern überall im ganzen Reich errichteten die Nabatäer ihre Tempel. Auch entlang der Karawanenrouten wurden größere Heiligtümer ausgegraben: zum Beispiel im Wadi Rum im südlichen Jordanien, wo einst die Straße aus Mekka vorbeiführte; oder im nördlichen Sinai, kurz vor Gaza. Diese Stätten waren jeweils einer bestimmten Gottheit geweiht.

Im größten Tempel der Hauptstadt – genannt *Kasr el Bint Faroun*, das »Schloß der Tochter Pharaos«, auch dies ein Phantasiename – verehrten die Nabatäer vermutlich den mächtigen *Duschara*. Das Gebäude wurde zur Zeit der Könige errichtet; es ist der einzige Bau in Petra, der seit dem Altertum noch aufrecht steht. Irgendwann zerstörte ein Feuer die 24 Meter hohe Vorderfront und den Innenraum. Von seiner einstigen Prachtausstattung zeugen Dekorreste aus Stuck an den Außenmauern. Doch selbst die Ruinen lassen noch viel vom Glanz vergangener Zeiten erahnen. Mit wenig Phantasie kann man sich vorstellen, wie die Menschen vor den Götterbildern in den gewaltigen Nischen beteten und opferten, wie die Priester pompöse Gottesdienste mit orientalischem Gepränge abhielten und wie sich vom Tempel die feierlichen Prozessionen zum Begräbnis eines Verstorbenen auf den Weg machten – auf den Weg zu einer der großartigen Wohnungen für die Ewigkeit.

Der Totenkult stand für die Menschen des alten Arabien im Mittelpunkt ihrer Religion. Sie müssen zutiefst an ein Leben nach dem Tod geglaubt haben. Wir haben im Wadi Farasa mit den Beduinen von Petra für unseren Film eine nabatäische Beerdigung nachgestellt. Da aus keiner Quelle Angaben über die Kleidung der Nabatäer oder den Ablauf der Zeremonie überliefert sind, stimmten einige Details vielleicht nicht. Doch anwesende Forscher übten keine Kritik. Erstaunlich war, wie natürlich und schnell sich die Einheimischen von heute in ihre ungewohnten Rollen fanden.

Mit andächtigen Gesichtern lauschten sie der Ansprache des Priesters – Gesichter, die uns zurückversetzten in die Zeit vor 2000 Jahren. Vor der Bestattung beschwor der heilige Mann die himmlischen Mächte mit Gebetsformeln; dann verbrannte er Weihrauch. Der Duft des edlen Harzes, das die Nabatäer so reich gemacht hatte, begleitete auch die Toten auf ihrem letzten Weg.

Ein prunkvolles Grab konnten sich nur die wohlhabenden Kaufleute leisten. Aber jeder Nabatäer wollte in Petra die ewige Ruhe finden. Für ihn war es die heilige Stadt – wie Jerusalem für die Juden und später Mekka für die Moslems. Vielleicht galt den Nabatäern das irdische Leben im Staub der Karawanenstraßen nur wenig. Vielleicht wollten sie nach beschwerlichen Wanderungen durch die Glut weiter Wüsten endlich hinübergehen in ein besseres Jenseits. So bauten sie Petra von Anfang an zur Totenstadt aus und bereiteten dem Körper eine würdige Stätte als letzte Wohnung.

Im *Triclinium*, einem Saal mit drei umlaufenden Steinbänken, feierten die Beduinen nach der Beerdigung ein glanzvolles Totenmahl mit Fleisch und Brot. Auch bei anderen Festlichkeiten tafelten sie in den weiten, heiligen Hallen zu Ehren ihrer Verstorbenen. Die Eßgefäße aus feinster bemalter Keramik waren den Toten zugeeignet und so für weiteren Gebrauch unrein. Daher zerschmetterte sie der Priester nach dem Ritual mit einem Stein.

Wir hielten diese Feier im sogenannten »Bunten Saal« gegenüber dem Soldatengrab ab. Schon am frühen Morgen herrschte reges Treiben. Die Vorräte wurden auf Eseln herangeschafft. Später köchelte das Fleisch in einem riesigen Kessel, die Frauen backten lachend die dünnen Brotfladen auf einem gewölbten Blech über dem offenen Feuer. Als sich dann alle zum Mahl auf den mit Teppichen ausgelegten Steinbänken des *Tricliniums* niederließen, schienen die Nabatäer endgültig auferstanden zu sein. Die Flammen der rundum aufgesteckten Fackeln tauchten die rot-weiß-schwarzen Steinmaserungen an Decke, Wänden und Säulen des prächtigen Saales in ein geheimnisvolles Licht.

Geheimnisvoll wie die Geschichte der Nabatäer: Als einfache, arme Beduinen brachen sie einst auf aus den unendlichen Weiten Arabiens und wurden die reichsten Spediteure

Das »Schloß der Tochter Pharaos« ist der größte Tempel von Petra

Karawane nach Petra

Karawane nach Petra

des Altertums. Jahrhundertelang trotzten sie den Großmächten und lavierten sich geschickt durch politisch schwierige Zeiten. Ihnen gelangen erstaunliche kulturelle Leistungen als Baumeister, Planer und Ingenieure. Erst als mit dem Aufblühen des Seehandels die Karawanenstraßen an Bedeutung verloren, begann ihr Stern langsam zu sinken.

Ganz leise sind die Nabatäer von der Bühne des Weltgeschehens abgetreten. Doch ihre Nachkommen leben – wieder als einfache Beduinen – in den Stammesgemeinschaften des südlichen Jordanien weiter. Dort pflegen die Männer die Traditionen ihrer Vorfahren noch in unseren Tagen.

Lange waren die Söhne der Wüste bei uns vergessen. Bis der Europäer Johann Ludwig Burckhardt das großartige Erbe dieses Kulturvolkes wiederentdeckte. Mit Petra, »der rosaroten Stadt«, wie ein Gedicht sie rühmt, »halb so alt wie Zeit«, wurde ein neues Kapitel aus der märchenhaften Geschichte Altarabiens aufgeschlagen.

Totenfest der Nabatäer im Wadi Farasa

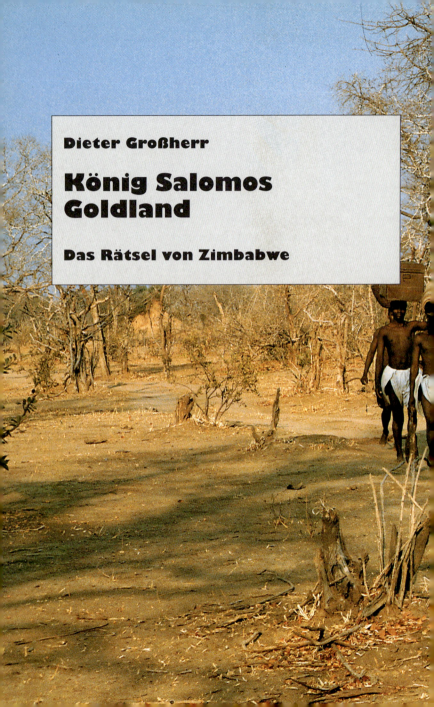

Dieter Großherr

König Salomos Goldland

Das Rätsel von Zimbabwe

König Salomos Goldland

Lederstrumpf in Schwarzafrika

Im August des Jahres 1871 kämpft sich ein ganz in Leder gekleideter bärtiger Hüne, ausgerüstet mit Gewehr, Fernrohr und großem schwarzem Sonnenschirm, zu Fuß durch die Wildnis im Inneren Afrikas: der 34jährige Carl Mauch aus Stetten im Remstal nahe Stuttgart. Auf Pfaden, die kein Europäer je vor ihm gegangen ist, will er ein Land entdecken, das er für den »wertvollsten, wichtigsten und rätselhaftesten Teil Afrikas« hält; ein Land, von dem das Alte Testament berichtet, von dem aber niemand weiß, wo es wirklich liegt: König Salomos Goldland, das legendäre Ophir.

Schon als Realschüler in Ludwigsburg und als Student der katholischen Lehrerseminare in Gmünd und Isny hatte der Sohn eines Schreiners, Ältester unter vier Geschwistern, leidenschaftlich gern Berichte über Forschungsreisen in Afrika gelesen. Es war die große Zeit der Entdeckungen im Inneren des fremden Kontinents, der Sahara und des geheimnisvollen Timbuktu, des Kilimandscharos und der großen Seen, des Nigers und der Quellen des Nils. Bald wuchs im jungen Carl Mauch der Wunsch, es Männern wie David Livingstone und Heinrich Barth gleichzutun. Er gab seine Lehramtskandidatur auf und nahm eine Stelle als Privatlehrer in Slowenien an. Dort, später auch in England, bereitete er sich im Selbststudium mit Büchern und Sprachen auf das große Abenteuer vor. Ersparnisse besaß er kaum, die Überfahrt von Memel nach Durban in Südafrika verdiente er sich als Hilfsmatrose auf einem Segelschiff.

Am 15. Januar 1865 setzte der achtundzwanzigjährige Mauch in der englischen Kronkolonie Natal seinen Fuß zum erstenmal auf afrikanischen Boden, an der gleichen Stelle, wo der berühmte portugiesische Seefahrer Vasco da Gama am Weihnachtstag 1497, am *Dies Natalis*, Land gesichtet hatte.

König Salomos Goldland

Den Lebensunterhalt in der Fremde bestritt Carl Mauch zunächst mit Gelegenheitsarbeiten. Farmer und Missionare gewährten ihm Kost und Logis, reisende Händler nahmen ihn in ihren von 16 Ochsen gezogenen Planwagen mit nach Norden. »Naturalist« nannte er sich jetzt stolz; das war die damals übliche Bezeichnung für einen Naturforscher. 1866 erreichte er Potchefstroom in der Burenrepublik Transvaal, ein Städtchen mit kaum mehr als 1000 Einwohnern. Von dort unternahm der junge Forscher und Abenteurer immer wieder Streifzüge in die nähere und weitere Umgebung, auch in Gebiete, die damals noch kaum besiedelt waren, meistens zu Fuß und allein. Er betrieb geographische, geologische und völkerkundliche Studien, erforschte die Tier- und Pflanzenwelt.

Sein Äußeres beschrieb Mauch so: »Gegen Sonnenschein, Regen und Tau während der Nacht schützt ein Regenschirm von solcher Größe, daß eine kleine Familie darunter Platz fin-

Carl Mauch um 1867

den kann. Dauerhaftigkeit ist die vorzüglichste Anforderung, und deshalb kleidete ich mich mit Ausnahme der Leibwäsche in Leder. Rock, Weste und Beinkleider waren passend angefertigt aus gegerbtem, weich gearbeitetem Hirschfell und versehen mit geräumigen Taschen, eine starke Ledermütze zum Abhalten der Sonnenstrahlen von Gesicht und Nacken mit zwei Schildern versehen. Die unteren Extremitäten steckten unbesockt in starken Schuhen. Zur Leibwäsche wählte ich den dicksten Flanell, den ich auftreiben konnte. Dauerhaft war solches Kostüm, allein bei der afrikanischen Hitze war das Gewicht anfänglich fast unerträglich.«

In den Magaliesbergen von Transvaal lernte er 1866 den berühmten Elefantenjäger Henry Hartley kennen, einen Siebzigjährigen, der in seinem langen, abenteuerlichen Leben über 1000 Dickhäuter getötet hatte. Hartley nahm Mauch in sei-

Carl Mauch schloß sich dem berühmten Elefantenjäger Henry Hartley an. Darstellung von 1874 (Nationalarchiv Zimbabwe, Harare)

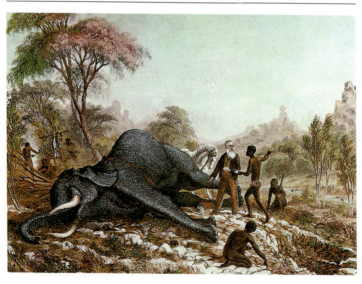

König Salomos Goldland

nem Planwagen mit in die unwegsamen Stammesgebiete der kriegerischen Ndebele nördlich des Limpopo-Flusses. Sie kamen bis fast an den Sambesi und legten in acht Monaten über 3500 Kilometer zurück. Als erster Weißer entdeckte Mauch im Matabeleland Goldvorkommen, verlassene Minen und alte Schmelzöfen. Die Kunde verbreitete sich wie ein Steppenbrand. Viele Menschen in den Burenrepubliken und den englischen Kolonien am Kap und in Natal, aber auch in Europa, Amerika und Australien wurden vom Goldfieber gepackt und suchten bald ihr Glück im südlichen Afrika.

Mauch hatte anderes im Sinn. Der Geograph August Petermann förderte von Deutschland aus seinen Schützling nach Kräften. Er sammelte für den jungen Forscher, der ständig in Geldnöten war, bei Privatleuten 2636 Taler und ermächtigte ihn, in Potchefstroom einen Kredit aufzunehmen, damit er sich die für astronomische Ortsbestimmungen notwendigen Instrumente wie Sextant und Chronometer kaufen konnte. Mauch zeichnete die erste vollständige Karte von Transvaal, die der Verleger Justus Perthes in Gotha veröffentlichte.

»Bis zum verflossenen Jahr war der Name Carl Mauch in der wissenschaftlichen Welt gänzlich unbekannt, jetzt auf einmal erscheint er glänzend an deren Horizont«, hieß es am 13. Juli 1867 in der *Leipziger Illustrierten Zeitung* zu einem Bild von ihm.

Im folgenden Jahr, 1868, kam es zu einer für Mauch schicksalhaften Begegnung: Auf einer seiner Expeditionen besuchte er in Botsabelo, einer Station der Berliner Missionsgesellschaft nahe dem heutigen Middelburg, den Arzt und Naturforscher Alexander Merensky, den er schon aus Potchefstroom kannte. Merensky erzählte ihm von verfallenen Steinbauten nördlich des Limpopo, die wahrscheinlich der Schlüssel seien zur Wiederentdeckung des legendären Goldlandes Ophir, von dem das Alte Testament (1 Buch der Könige 9,27; 2 Chronik

8,18; 9,9) im Zusammenhang mit König Salomo, der Königin von Saba und dem Phönizierkönig Hiram berichtet.

Die Legende von Ophir

»Und Hiram sandte Schiffe durch seine Knechte, die des Meeres kundig waren, und sie fuhren mit den Knechten Salomos gen Ophir und holten vierhundertundfünfzig Zentner Gold und brachten es dem König Salomo«, heißt es im Alten Testament. Damals, 1000 Jahre vor Christus, fuhren die Phönizier mit ihren Schiffen übers Rote Meer und an der afrikanischen Ostküste entlang gen Süden. Wie weit aber kamen sie, woher holten sie das Gold für den König in Jerusalem? Darüber gibt die Bibel keine Auskunft. Vielleicht schickte Salomo die Flotte der Phönizier in ein Land seiner Bundesgenossin und Geliebten, der Königin von Saba, die über Südarabien und Teile der gegenüberliegenden Küste Afrikas herrschte. Die Schiffe brachten nur alle drei Jahre Gold, sagt das Alte Testament. Wenn also die Fahrt so lange dauerte, dann müßte Ophir weit südlich vom Roten Meer liegen.

Seit dem zweiten Jahrhundert nach Christus gibt es einen genaueren Hinweis. Der griechische Geograph Ptolemäus beschrieb eine Insel im Süden Afrikas als goldträchtig, die auf alten Landkarten Zaphala oder Sofala heißt, genauso wie eine Stadt an der Küste des heutigen Mosambik. Im ersten Jahrhundert unserer Zeitrechnung, als Suahelis und Araber den Überseehandel zwischen Afrika und Asien beherrschten, war Sofala der südlichste Hafen an der afrikanischen Ostküste. Menschen und Lasttiere brachten große Mengen Gold und Elfenbein aus dem Landesinneren über Hunderte von Kilometern zum Meer. Auch das Eisen für die berühmten Damaszenerklingen und jene Panzerhemden, mit denen sich später im Mittelalter die Sarazenen die Waffen der Kreuzfahrer vom

König Salomos Goldland

Salomo und die Königin von Saba.
Farbiger Holzschnitt aus der Luther-Bibel von 1565

Leib halten wollten, stammte vermutlich aus dem Hinterland von Sofala. Warum sollte es nicht schon der Ausfuhrhafen für das Gold König Salomos gewesen sein? Jedenfalls nehmen auch in der alten arabischen Literatur Geschichten von Sultan Suleiman – und das ist König Salomo – breiten Raum ein.

Im 15. Jahrhundert rief die Gier nach Gold die Portugiesen auf den Plan; Jahrhunderte arabischer Seeherrschaft im Indischen Ozean gingen zu Ende. Im Februar 1502 verließ der berühmte Seefahrer Vasco da Gama mit 70 Schiffen die Reede von Lissabon, um die Südspitze Afrikas zu umsegeln und Indien zu erreichen. Ein Flame führte das Bordbuch: »Den 14. Tag im Juni kamen wir an eine Stadt namens Schafal (Sofala) und wünschten dort zu kaufen und zu verkaufen, denn der König von Schafal hat Überfluß an Silber, Gold und Edelsteinen, und diese Stadt liegt 400 Meilen vom Kap der Guten Hoffnung.« Vasco da Gama brachte als erster eine Probe Gold von Sofala nach Lissabon.

König Salomos Goldland

Mono Motapa oder Mwene Mutapa, der Herrscher von Zimbabwe. Französische Darstellung um 1650

1505 errichteten die Portugiesen in Sofala eine Handelsniederlassung und eine Festung. Sie glaubten, hier im Süden Afrikas endlich eine der großen Schatzkammern des Altertums gefunden zu haben: das Land Ophir mit »Gold im Überfluß«. Einige Landkarten jener Zeit tragen neben der Hafenstadt Sofala sogar die konkrete Bezeichnung *aurifodina*, was soviel wie »Goldgrube« oder »Goldbergwerk« bedeutet.

Das biblische Goldland wurde aber auch anderswo vermutet: in Äthiopien, Somalia oder im Jemen; in Persien, Indien oder Westafrika; in der Karibik oder Peru, sogar im Pazifischen Ozean. 1567 schickte der spanische Vizekönig von Peru zwei Karavellen gen Westen, deren Besatzung nach 63 Tagen Fahrt mitten im Pazifik eine Inselgruppe entdeckte, der die Kapitäne den Namen Salomos gaben. Von den sagenhaften Goldgruben des biblischen Königs fand sich zwar keine Spur, doch »Salomonen-Inseln« heißt der Archipel noch heute.

Zurück nach Afrika. In portugiesischen Quellen des frühen 16. Jahrhunderts tauchte zum erstenmal ein Name auf, den bis dahin in Europa noch niemand gehört hatte:

König Salomos Goldland

Zimbabwe. In der Sprache der Shona bedeutet *Zimbabwe* »Häuser aus Stein« oder »Residenz des Herrschers«, des *Mwene Mutapa*. Zimbabwe liegt gut 400 Kilometer westlich von Sofala. »Fünfzehn oder zwanzig Tagesreisen landeinwärts gibt es eine große Stadt, *Zimbaoche* genannt. Von dort bringen die Händler das Gold nach Sofala und geben es ungewogen den Mauren für Tuch und Perlen«, heißt es im ältesten Bericht der Portugiesen aus dem Jahr 1507.

Der *Mwene Mutapa* empfing die Fremden allerdings nicht in Zimbabwe, sondern in der neuen Hauptstadt eines neuen Reiches, viel weiter im Norden. Das alte Zimbabwe war längst untergegangen. Das aber wußten die Europäer nicht, denn sie kannten Zimbabwe nur vom Hörensagen, wie der portugiesische Geschichtsschreiber João de Barros (1496 bis 1570): »In der Mitte des Landes gibt es eine quadratische Festung, erbaut aus Steinen von wunderbarer Größe, kein Mörtel scheint diese zu verbinden. Dieses Gebäude ist fast ganz von Hügeln umgeben, auf denen andere Bauten stehen und ein Turm. Da diese Gebäude einigen anderen sehr ähnlich sind, die man im Land des Priesters Johannes (Äthiopien) findet, und zwar in einer Stadt der Königin von Saba, die Ptolemäus Axuma nennt, scheint es, daß der Fürst jenes Landes auch hier Minenbesitzer war und deshalb diese Bauwerke dort errichten ließ.« – »Einige alte Mohren versichern, ihnen sei von ihren Vorfahren überliefert worden, daß diese Häuser einst eine Faktorei der Königin von Saba darstellten. Man habe ihr von hier große Goldmengen gebracht. Nach anderen stammen diese Ruinen von einer Niederlassung König Salomos«, schrieb 1609 der portugiesische Dominikanerpater und Historiker João dos Santos.

Als die Europäer auch noch sahen, wie die Untertanen des *Mwene Mutapa* pures Gold körbeweise aus dem Schlamm der Flüsse holten, wollte niemand mehr daran zweifeln, daß schon König Salomos Schiffe vor Sofala geankert hatten, um Güter aus Zimbabwe und dem Land zwischen Limpopo und Sambesi nach Jerusalem zu bringen. Vier Jahrhunderte lang übten die Berichte über eine versunkene Stadt in Zentralafrika auf Forscher, Abenteurer und Phantasten große Anziehungskraft aus. Nur allzugern hielt man in Europa an der Gleichsetzung von Zimbabwe mit Ophir fest: tief im afrikanischen Busch eine Ruinenstadt voller Gold, Quelle des Reichtums großer Herrscher des Alten Testaments! Auch die Buren, die mit ihren Trecks nach Norden zogen, waren fasziniert von der Vorstellung, daß ihre neue Heimat an das biblische Goldland grenzte. Nach ihrer Landung am Kap der Guten Hoffnung (1652) versuchten sie mehrfach, die Tempel und Minen König Salomos wiederzufinden, aber keinem Weißen sollte es je gelingen, bis zu den Ruinen vorzudringen.

Nachdem nun also Alexander Merensky 1868 Carl Mauch von den verfallenen Bauten nördlich des Limpopo erzählt hatte, war der Forscher fest entschlossen, das alte Zimbabwe zu finden und das Rätsel um König Salomos Goldland zu lösen. Doch sein Wunsch wäre um ein Haar nie in Erfüllung gegangen: Zwischen Juni und Oktober 1870 unternahm er noch eine Expedition in die sumpfige Küstenregion von Mosambik, die ihm fast das Leben gekostet hätte. An der Malaria erkrankt, trat er den Rückzug an. Unter hohem Fieber und Schüttelfrost schleppte er sich durch die menschenleeren Drakensberge, wo nachts die Außentemperatur unter den Gefrierpunkt sinkt. Hinzu kam, daß er eine Woche lang nichts Eßbares auftreiben konnte. Mauch fiel in tiefe Bewußtlosigkeit. Als der Sterbenskranke nach drei Tagen wieder zu sich kam, schlug er sich, abgemagert zum Skelett, mit letzter Kraft nach Lydenburg durch, von wo ihn weiße Farmer und Missionare auf Ochsenkarren in Etappen zurück nach Potchefstroom brachten.

Schon zwei Monate später brach er wieder auf, auch diesmal im Alleingang. In einem zerbrechlichen Kanu erkundete er den reißenden Vaal-Fluß. »21 Tage dauerte diese keineswegs ungefährliche Wasserfahrt. 33 Stromschnellen und kleinere Katarakte sowie ein Wasserfall von etwa 25 Fuß Höhe mußten passiert werden«, schreibt Mauch. »Anfänglich war der Wasserstand ein so hoher, daß ich zwischen den Gipfeln der Bäume, die auf den Inseln wuchsen, dahinglitt. Mit Staunen betrachteten die Leute den kecken Schiffer, wenn ich so mutterseelenallein dahinfuhr. Im Lauf des Vaal-Flusses konnte ich auf der Karte wieder einige Verbesserungen anbringen, leider aber waren meine Bemühungen, in den Besitz von Diamanten zu gelangen, vergeblich.« Die Fahrt endete in Hebron, dem heutigen Windsorton, 50 Kilometer nördlich der Diamantengruben von Kimberley. Von dort wanderte Mauch im Januar 1871 wieder nach Potchefstroom. Nun endlich wollte er sich den Traum seines Lebens erfüllen: die Wiederentdeckung des Goldlandes Ophir.

Ende Juni 1871 erreichte er die Farm des Elefantenjägers, Händlers und portugiesischen Vizekonsuls Albasini am Südhang der Zoutpansberge, wo er vier Wochen blieb, um sich auf seine siebente und letzte Expedition vorzubereiten, die Ausrüstung zusammenzustellen und diesmal auch einige Träger anzuheuern.

Ruinen in der Savanne

Am 10. August 1871 durchquert Mauch mit sechs Trägern den nur einen Meter tiefen Limpopo-Fluß, der die Grenze zwischen der Burenrepublik Transvaal und den Stammesgebieten der Shona-Kalanga bildet. Löwen streichen durch die gebirgige Savanne, Rudel von Antilopen, Elefanten, Büffelherden; keine Menschenseele weit und breit.

Nach vier Wochen Fußmarsch, sieben Stunden Tag für Tag, halten die Träger für Mauch eine böse Überraschung bereit.

König Salomos Goldland

»Am frühen Morgen erhoben sie sich, nahmen ihre Waffen, Bogen und Pfeil, und entfernten sich unter dem Vorwand, einige Perlhühner zu schießen. Dagegen konnte ich nichts einwenden, ich ließ sie ziehen, nun aber befand ich mich völlig allein«, schreibt Mauch. Die Träger kehren nicht mehr zurück, und Mauch merkt mit Entsetzen, daß sie auch noch einen Korb mit wertvollen Tauschgegenständen mitgehen ließen. »Nun mußte ich erkennen, daß ich mich in schlimmer Lage befand. In meine Wolldecke gehüllt, saß ich die ganze Nacht auf Posten. Meine Lage war verzweifelt. Eine zweite Nacht folgte der ersten, und da war es nicht zu verwundern, wenn mir der Gedanke kam, selbst Hand an mein Leben zu legen, bevor ich vielleicht einer langsamen Marter erliegen mußte.«

Endlich, am Nachmittag des dritten Tages nach dem Verschwinden der Träger, nähern sich Mauch einige Einheimische. Sie bringen ihn zum nächsten Ort, wo Menschen wohnen, und helfen ihm beim Tragen des Gepäcks. So erreicht er am 31. August 1871 den Kraal des alten Bika, eines Unterhäuptlings der Shona-Kalanga vom Stamm der Rozwi. Dort, in der Einöde am Chigaramboni-Berg, 160 Kilometer nördlich des Limpopo, erwartet den einsamen Wanderer eine neue Überraschung: In Bikas Kraal lebt seit drei Jahren ein anderer Weißer, der Großwildjäger Adam Render, ein zwielichtiger Abenteurer deutscher Abstammung.

Render hat mit einer Tochter des Häuptlings und anderen Frauen, den Sitten des Landes entsprechend, schon längst eine Familie gegründet. Bika nimmt auch den Neuankömmling freundlich auf und überläßt ihm eine Hütte als Quartier. Bald erfährt Mauch, was ihn am meisten interessiert: »Die höchst erfreuliche Neuigkeit war die Aussage der Eingeborenen hier, daß früher weiße Menschen in der ganzen Gegend gewohnt hätten. Wie und wann diese jedoch das Land verlassen, darüber wird Stillschweigen beobachtet«, schreibt Mauch in seinem Tagebuch. »Unter den Leuten war einer, der plötzlich

König Salomos Goldland

Carl Mauch und der Elefantenjäger Adam Render im Kraal des Häuptlings Bika

mit einer noch viel wichtigeren Neuigkeit herausplatzte, nämlich mit der Anwesenheit von größeren Ruinen, die nie von Schwarzen aufgebaut sein können. Sollten dies die längst ersehnten Ruinen sein?« Der einzige Weiße, der die verfallenen Bauten je gesehen hat, ist Adam Render. Er wird sie dem Forscher zeigen, sie sind nur zwei Tagesmärsche vom Kraal entfernt.

In den Büchern und sonstigen Veröffentlichungen über Carl Mauch und Zimbabwe sind keine Angaben darüber zu finden, ob Bikas Kraal heute noch bewohnt ist. So mußten wir bei der Vorbereitung des Films über König Salomos Goldland und das Rätsel von Zimbabwe lange suchen, ehe wir den Platz schließlich mit Hilfe von Einheimischen fanden. Er liegt so versteckt wie eh und je und ist von der Provinzhauptstadt Masvingo aus über die Ortschaft Mapansule auf unbefestigten Wegen mit dem Auto in zwei Stunden zu erreichen. Der Chef der Sippe, die dort wohnt, heißt ebenfalls Bika und ist ein Urenkel jenes Häuptlings, der Carl Mauch einst beherbergt hat. Er kennt Mauch und Render aus Erzählungen seines Großvaters und weiß zu berichten, daß der weiße Jäger mit seinen afrikanischen Frauen mehrere Kinder hatte. In der Nähe des Kraals ist Adam Render auch beerdigt, nur die genaue Stelle konnte uns niemand zeigen.

5. September 1871. Seit zwei Tagen ziehen Mauch und Render, begleitet von drei Häuptlingssöhnen als Trägern, durch Steppe und Busch, über Geröllhalden entlang bizarrer Felsen aus Granit. »Einer meiner Begleiter deutete plötzlich in östlicher Richtung auf einen Hügel und meinte, daselbst wären große Mauern, die von Weißen gebaut worden seien. Bravo! rief ich aus, das ist es, was ich seit 1868 anstrebe, welches Glück! Und wie unerwartet! Vor wenigen Tagen erst mit den ernstlichsten Gedanken an den Tod beschäftigt und heute schon vor der glänzendsten Errungenschaft meiner Reisen stehend! Gott sei gepriesen!« notiert Mauch in seinem Tagebuch. Bald erreichen sie den Hügel, ein von Büschen und Bäumen bewachsenes, 80 Meter hohes, auf einer Seite steil abfallendes Granitmassiv. »Eine lange Linie von Gesteinstrümmern diente als Leitpfad, und stellenweise ließ sich noch der Aufbau einer Mauer erkennen; die Ruinen sind aus Granitsteinen, etwa von doppelter Größe unserer Backsteine und auf fünf Seiten glatt behauen, die sechste, nach innen gerichtete Seite ist unregelmäßig belassen«, schreibt Mauch.

Die Gruppe findet einen schattigen Platz unter weit ausladenden Akazien und der blauen Pracht blühender Jacarandabäume. Hier trifft sich Adam Render von Zeit zu Zeit mit afrikanischen Jägern und Händlern, um bunte Glasperlen und billige Baumwollstoffe gegen Elfenbein einzutauschen. Über die alten Gemäuer hat er sich noch nie den Kopf zerbrochen, ihn interessieren nur die Großwildjagd und der Handel mit den Einheimischen. Ein schöner, 15 bis 20 Kilogramm schwerer Stoßzahn ist 1871 gut seine 40 Goldmark wert, heute wäre er kaum unter 10 000 Mark zu bekommen.

Carl Mauch will nicht warten, ungeduldig entfernt er sich, möchte endlich das ersehnte Ziel erreichen, die geheimnisvollen Ruinen aus der Nähe sehen. Er kommt an riesigen Affenbrotbäumen vorbei, von denen so mancher 2000 Jahre alt ist. In ihnen, sagen die Afrikaner, wohnen die Seelen der längst verstorbenen Bewohner einer versunkenen Stadt. Mauchs Schritte werden schneller. »Ich gewahrte in geringer Entfernung ein anscheinend rundes Bauwerk. Bald stand ich vor ihm und sah eine Mauer aus Granitziegeln bis zur Höhe von etwa zwanzig Fuß.« Ein Stück der Mauer ist oben durch zickzackförmig verlegte Ziegel kunstvoll verziert. »Ich brauchte nicht lange nach einem Eingang zu suchen, denn eine Stelle war ganz nahe, wo eine Art Fußpfad ins Innere führte«, be-

Groß-Zimbabwe: Die große Einfriedung im Tal, im Hintergrund Ruinen auf dem Granitfelsen

richtet Mauch. »Endlich blieb ich vor einem turmartigen Gebäude stehen, das anscheinend noch ganz unversehrt dastand. Es erhob sich im ganzen bis zu etwa 30 Fuß, die unteren zehn Fuß zylinderförmig bei 15 oder 16 Fuß Durchmesser, die oberen 20 Fuß konisch, Durchmesser etwa acht Fuß. Ganz dieselbe Bauart aus Granitziegeln ohne Mörtel, aber mit Bindung, den Regeln der Baukunst gemäß. Vergeblich suchte ich nach einem Eingang oder einer vermauerten Eingangsstelle, vergeblich versuchte ich mir den Zweck dieses Gebäudes zu erklären.«

An jenem denkwürdigen 5. September 1871 ist Carl Mauch davon überzeugt, daß er tatsächlich vor den Ruinen steht, die Merensky ihm vor drei Jahren beschrieben hat. Einheimische bestätigen ihm, daß der Berg und die verfallenen Bauten Zimbabwe genannt werden. Jetzt muß er nur noch beweisen, daß es sich um Überreste von König Salomos Goldland handelt ... Er kehrt zurück zu Adam Render, der inzwischen seinen Elfenbeinhandel beendet hat. In 300 Meter Entfernung erhebt sich an der Westseite des Felsmassivs jene mächtige, von Türmen und steinernen Monolithen gekrönte Mauer, die Mauch schon aus der Ferne gesehen hat. Zwischen riesigen Steinblöcken steigen die beiden Männer auf schmalem Pfad hinauf. Durch die Mauer führt ein mit Granit- und Schieferplatten bedeckter Torgang ins Innere der burgähnlichen Anlage. An der Süd- und der Ostseite des Felsmassivs befinden sich weitere aus Granitziegeln errichtete Einfriedungen.

»Nach langem Umherirren gelangte ich zur vollen Überzeugung, daß diese Ruinen die verfallenen Reste einer für frühere Zeiten sehr starken Festung gewesen sein müssen. Ich bemerkte mehrere schmale Gänge. Die meisten der Mauern schließen sich bogenförmig aneinander«, schreibt Mauch eine Woche später nach einem zweiten Besuch bei den Ruinen. »Die Mauer am südlichen Abhang ist bei etwa 120 Fuß

König Salomos Goldland

Länge noch 30 Fuß hoch und von unten nach oben 12–16 Fuß dick. Sie ist auf den äußersten Rand eines gewaltigen Felswalls gebaut. Es ist besonders merkwürdig, wie fest die Grenzmauer ohne Mörtel erbaut werden konnte. Aus mehreren der Mauern stehen noch Steinbalken bis 8 und 12 Fuß Höhe bei 4–6 Zoll Durchmesser senkrecht empor. Nur einer hatte Verzierungen, er war noch 8 Fuß lang. Ein grünlich-grauer, faserig-schuppiger Talkglimmerschiefer gab das Material zu ihm.« Dieser und andere Steinbalken werden den Archäologen später noch manches Rätsel aufgeben. Ein weiterer Gegenstand, den Mauch findet, ist eine Schüssel, flach geformt aus weichem Talkschiefer und von grünlich-grauer Farbe. Sie ist zerbrochen und liegt unter einem großen Felsblock. Für archäologische Grabungen in tieferen Schichten fehlen dem Hobbyforscher Kenntnisse und Mittel.

Die Ringmauer mit dem konischen Turm

Besonderes Augenmerk richtet Mauch auf den kegelförmigen Turm hinter der hohen Einfriedung im Tal. Eine Ersteigung der Spitze des Turms »mittels der Schlingpflanzen, die ihn überwucherten, belehrte mich, daß er von oben herab nicht hohl, sondern mit kleinen Steinen ausgefüllt ist, und auf keiner Seite ließ sich ein vermauerter Eingang entdecken. Daß er wirklich der wichtigste Gegenstand war, scheinen noch einige in seiner Nähe befindliche Verzierungs- und Verstärkungsversuche darzutun. Er steht nämlich zwischen zwei sehr hohen Mauern, die nur zehn Fuß voneinander entfernt sind, ein schmaler Zugang in der einen mit Doppellagen von grauem oder weißem Granit und schwarzem Phonolith, und zwar zu beiden Seiten des Zugangs.«

Nach dem zweiten Besuch bei den Ruinen kehrt Mauch am 13. September 1871 in Bikas Kraal zurück, wo er in einem Brief an den Missionar Grützner in Transvaal über seine Entdeckungen berichtet. In dem Brief heißt es: »Von den hier ansässigen Bewohnern vernahm ich, daß sie selber erst seit ungefähr vierzig Jahren hier wohnen, daß vor der Zeit die Gegend ganz unbewohnt belassen war und daß noch früher die Malotse oder Barotse (eine Untergruppe der Shona-Kalanga) in dem Land und bei den Ruinen wohnten, aber gegen Norden flüchten mußten. Diese hatten die Ruinen für heilig gehalten. Von allen wird ganz fest angenommen, daß weiße Menschen einst die Gegend bevölkert haben, denn immer noch werden Spuren von Wohnungen und eisernen Gerätschaften vorgefunden, die nicht von Schwarzen verfertigt werden konnten. Wo diese weiße Bevölkerung geblieben, ob sie verjagt oder getötet oder an Krankheit gestorben sei, kann niemand mitteilen.«

Grützner leitet den Brief weiter an den Verleger Justus Perthes in Gotha, dort trifft er Monate später ein. Es ist die erste Beschreibung der Ruinen von Zimbabwe durch einen Europäer, der sie mit eigenen Augen gesehen hat. Erst ein

Jahr nach Mauchs Entdeckung können Zeitungen in Deutschland darüber berichten; um so größer ist das Aufsehen, das die Meldung hervorruft. Die in Gotha erscheinende Zeitschrift *Mittheilungen aus Justus Perthes' Geographischer Anstalt über wichtige neue Erforschungen auf dem Gesamtgebiete der Geographie von Dr. A. Petermann* (18. Band, 1872) schreibt: »Carl Mauch hat am 5. September 1871 in dem Berglande zwischen Limpopo und Sambesi die großartigen, räthselhaften Ruinen wieder aufgefunden, von denen die alten portugiesischen Berichte sprechen und die schon früh mit den Ophir-Fahrten des Königs Salomo in Verbindung gebracht worden sind.«

Mit Skizzenbuch und Revolver

Was Mauch noch fehlt, sind Beweisstücke und Zeugenaussagen, die seine und Merenskys Vermutung, Zimbabwe sei identisch mit Ophir, bestätigen könnten. »Die aufgefundenen Ruinen von Zimbabwe geben an und für sich nur wenig Anhaltspunkte bis jetzt. Sie lassen nur auf ein sehr hohes Alter schließen«, notiert Mauch am 22. Februar 1872. »Die Wahl der bebauten Stellen läßt vermuten, daß diese Ruinen nur eine Nachahmung gesehener Gebäude waren, und zu dieser Vermutung leitet noch bestimmter die kürzlich eingezogene Erkundigung, daß auf dem Berge selbst bis in die jüngsten Zeiten angebetet wird, während jener Teil in der Fläche gelegen nur als das Haus der Großfrau bezeichnet wird. So nämlich ist die Aussage eines erst ganz kürzlich mit vieler Mühe aufgefundenen wichtigen Mannes, den ich gestern in meiner Hütte beherbergte und unterhielt.«

Dieser Mann ist »niemand anderes als ein Nachkomme des Matapa aus der Dynastie des Nemangwe, dem Stamme der Malosse oder Balosue zugehörig. Um ihm zu schmeicheln, breitete ich eine Matte für ihn aus, und um seine Zunge zu lösen, stand ein Topf starken Bieres bereit. Es war schon dunkel geworden, als er sich mit einem seiner Söhne und seinem Geheimsekretär einstellte. Er ist im Alter von etwa 60 Jahren, eine hohe Gestalt, bekleidet mit einem elenden Fetzen, einen dicken kupfernen Ring am linken Unterarm. Er überließ das Sprechen seinem Sekretär, dann und wann eine Prise nehmend, abwechselnd Bier zu trinken. So saßen wir mehrere Stunden zusammen.«

Mauch verwechselt offenbar den Herrschertitel *Matapa* mit einem Eigennamen, wenn er schreibt: Der Besucher »ging in der Geschichte seiner Dynastie zurück bis zum Vater des Matapa. Matapa soll sehr alt geworden sein und hatte drei Nachfolger bis zu Tenga, dem Vater des Bebereke, unserem Mann. Tenga soll ein sehr guter Fürst gewesen sein, während einer Krankheit jedoch soll er erstochen worden sein. Bald darauf sei eine Horde Matabele eingebrochen, die geraubt, gemordet, verbrannt und das Land unterworfen habe. Seither dauern die jährlichen Raubzüge der Matabele fort, und darum wohnen sie nun in zerklüfteten Felsen anstatt in der Fläche, und darum seien sie nun so arm. Aber sein Herz brenne, wieder in den Besitz seines Landes mit Zimbabwe als Mittelpunkt, dem Erbteil und Heiligtum seiner Väter, zu kommen.«

Dann spricht Mauch mit Bebereke über eine Wahrnehmung, die er bei den Ruinen gemacht hat: »Schon bei einem der beiden ersten Besuche wurde an zwei Stellen Holz beobachtet, das ebenso alt sein muß wie die Gebäude, denn die Stücke waren angebracht über den schmalen Eingängen in dem unteren sowohl als oberen Teil der Ruinen und dienten offenbar zu Unterlagen für weitere Lagen von Steinen, welchen Zweck sie auch heute noch trefflich erfüllen. Die von Bebereke gemachte Erwähnung vom Holz daselbst, das er und niemand kenne, daß es nicht von diesem Land herrühre, erregte in mir den Entschluß, in den Besitz von Splittern desselben zu kommen und zugleich eine Gesamtskizze der Ruinen zu zeichnen.«

Am 6. März 1872 führt er seinen Plan aus. »Ich begab mich mit Skizzenbuch und bewaffnet mit Revolver allein nach dem Haus der Großfrau, schlich mich ins Innere und begann, einen rauhen Grundplan zu legen. Am nördlichen Eingang schnitzte ich noch einige Splitter von dem Querbalken ab, der so alt ist als das Gebäude selbst. Das Holz ist noch ganz gesund und von rötlicher Färbung, es brennt mit starkem Geruch gleich einer Fackel. Ein Vergleich desselben mit dem Holze an einem Bleistift zeigt große Ähnlichkeit, und so vermute ich, gestützt auf weitere Hypothesen, daß es Cedernholz sein müsse. Es wäre dies ein toter, aber sehr beredter Zeuge, daß diese Ruinen eine Nachahmung von Gebäuden des Salomo sind.« Eine gewagte Gedankenverbindung mit weitreichenden Folgen. Mauch geht bei seinen Überlegungen sogar noch einige Schritte weiter:

Zeichnung Carl Mauchs von den Ruinen in Zimbabwe 1871

11. Sketch of Zimbabwe, by Carl Mauch, 1871 (from *Zeitschrift für Ethnologie, Verhandlungen der Berliner Gesellschaft für Anthropologie, etc.*, Bd. 8, 1876, p.186). Modern plantings have obscured the view from the rock in the foreground; a modern photograph from approximately the same place, though lower down the hill, is in Pl. 12.

»Als ausgemacht annehmend, daß das erworbene Holz wirklich Cedernholz sei, und darauf schließend, es kann nur vom Libanon herkommen, ferner nur die Phönizier können es hierher gebracht haben, ferner Salomo hat viel Cedernholz verwendet zum Bau des Tempels und seiner Paläste, ferner den Besuch der Königin von Saba mit hereinziehend, so ergab sich zunächst, daß die Großfrau, die das Rondeau gebaut habe, niemand anderes gewesen sein kann als die Königin von Saba. Also wirklich, zu solch großer Entdeckung war ich berufen, Gott sei gepriesen! Ich wage heute zu schließen: Die Königin von Saba ist die Königin von Simbaoe. Von den drei Königen war der eine von hier, die anderen von Arabien und Indien. Die Ruinen sind Nachahmungen des Tempels und Palastes von Salomo.« Damit hatte sich die Legende in Realität verwandelt.

Das große Opferfest

Mai 1872. Seit neun Monaten lebt Carl Mauch nun schon in Bikas Kraal. Es wird Herbst im südlichen Afrika. Die Dorfbewohner haben die Ernte eingebracht, Frauen dreschen Hirse, um Wintervorräte anzulegen. Außer seinem »Kronzeugen« Bebereke hat Mauch niemanden gefunden, der ihm Genaueres über die verfallenen Bauten und deren Bewohner von einst hätte sagen können. Am 21. Mai 1872 erscheint Bebereke zum zweitenmal im Kraal. Wieder will Mauch ihm schmeicheln, diesmal begrüßt er ihn als Abkömmling König Salomos und der Königin von Saba. Listig, wohl auch in Erwartung eines Geschenks, antwortet der Besucher, das wisse er schon von seinem Ahnengeist. Mauch stellt viele Fragen, die Bebereke bereitwillig beantwortet. Der Forscher zieht daraus den Schluß, »daß wirklich die jüdische Religion durch die Königin von Saba, wie sie zur Zeit Salomos bestanden hatte, im wesentlichen hierher verpflanzt und sich die nahezu 3000 Jahre auch erhalten hat«.

In seinem Tagebuch faßt Mauch das Gespräch zusammen: »In dem von Zimbabwe aus oder von Gott (*Mali* oder *Mambo*) bestimmten Zeitraum von 2 oder 3 oder 4 Jahren versammeln sich die *Balosse* (die Eingeborenen, die dem Judentum zugetan sind) mit großer Anzahl von Vieh nach beendigter Ernte (also Maimonat), um ein Fest zu feiern und dem *Mali* zu opfern. Die Feste der Juden sind nachgeahmt worden bis auf etwa 30 – 40 Jahre zurück, wo die Matabele im Westen und die Zulus von Osten eindrangen, mit den *Balosse* kämpften und durch alljährlich sich wiederholende Raubzüge Elend und Armut unter den Makalakas (Kalanga) brachten.« Beim Erntedankfest in Zimbabwe opferten die Priester zwei junge Ochsen und eine Kuh. »Die Ähnlichkeit dieser Opfer mit jenen vom israelitischen Kult ist eine unverkennbare«, meint Mauch. Seine Gleichsetzung eines afrikanischen Opferfestes mit altjüdischen Ritualen wird in Europa staunend, aber zunächst kritiklos akzeptiert. Mauch selbst nahm an einem solchen Fest gar nicht teil.

In den Dörfern bei den Ruinen feiern die Menschen das Erntedankfest, das Mauch nach Erzählungen Beberekes beschrieben hat, heute noch, immer im Mai. Fremde dürfen nach wie vor nicht oder nur in Ausnahmefällen teilnehmen. Wir aber konnten in einem Dorf bei Gorondondo das Fest sogar filmen, dank der Vermittlung durch den Journalisten Mathew Takaona, dessen Angehörige dort leben.

Morgens werden die Opfertiere geschlachtet, diesmal zwei Ziegen. Dann wird deren Leber feierlich der Priesterin überreicht, die ein Stück davon roh verspeist. Die Priesterin ist für die Dorfbewohner das spirituelle Medium, das die Verbindung zwischen dem Diesseits und dem Jenseits, zwischen der Gemeinschaft der Gläubigen und den Geistern der Ahnen herstellt, in denen die Lebenden die höhere Macht verehren. Aus

Zimbabwe und seine Nachbarländer

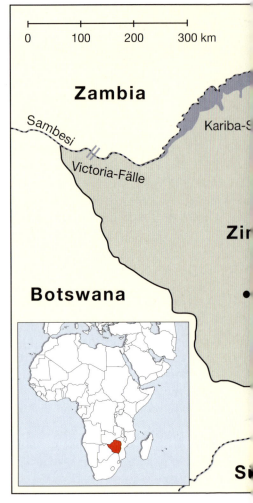

ganz anderen Gründen werden beim Erntedankfest Feldmäuse gegrillt, je mehr, desto besser, denn viele Mäuse bedeuten eine gute Ernte. In allen diesen heute noch geübten Bräuchen kommen uralte, typische afrikanische Traditionen zum Ausdruck, die auf dem ganzen Kontinent verbreitet sind. Nach dem Schlachtopfer versammelt sich die Dorfgemeinschaft am heiligen Baum, wo die einzelnen Familienverbände weitere Opfergaben darbringen, hauptsächlich Körbe mit Hirse und Mais. Die Priesterin und der Dorfälteste nehmen die Spenden entgegen, um sie für Notzeiten aufzubewahren. Wenn es Mißernten gibt, soll wenigstens noch genügend Saatgut für das kommende Jahr vorhanden sein.

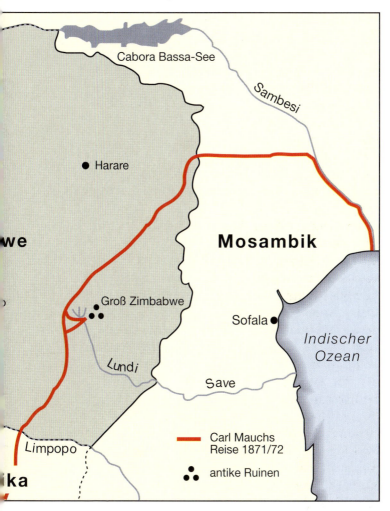

Am Nachmittag erreicht das Fest seinen Höhepunkt. Durch äußerste Konzentration, unterstützt von schrillen Rufen und rhythmischem Trommelklang, versetzt sich das Medium in einen Trancezustand; nur so kann es mit den Ahnengeistern in Verbindung treten. Die Priesterin dankt den höheren

Mächten für die gute Ernte und bittet sie um Schutz vor Feinden und Krankheiten, Ungeziefer und Dürre. Wenn die Rituale beendet sind, beginnt das Volksfest; dann wird musiziert, getrunken und getanzt bis in den nächsten Tag hinein.

In den Ruinen von Zimbabwe feierten die Menschen ein solches Fest zum letztenmal 1904. Damals standen die Bewohner des Landes zwischen den Flüssen Limpopo und Sambesi unter englischer Oberhoheit.

Gelehrtenstreit und Befreiungskampf

Königin Victoria beauftragte 1889 Cecil Rhodes, den Ministerpräsidenten der Kapkolonie, die Britische Südafrika-Gesellschaft zu gründen, um die englischen Wirtschaftsinteressen auszuweiten und nach Bodenschätzen wie Kohle, Eisen und Kupfer, Gold und Diamanten zu suchen. Eine 200 Mann starke Pioniereinheit unter Führung des Großwildjägers Frederick Selous drang über den Limpopo nach Norden vor und hißte am 13. September 1890 in Salisbury, der heute Harare genannten Hauptstadt, den Union Jack. Es war die Geburtsstunde der späteren Kolonie Rhodesien. Ein durchgehender Schienenweg für die Eisenbahn sollte von Kapstadt über Rhodesien bis nach Kairo führen und die britischen Einflußgebiete in Afrika miteinander verbinden. Eine Londoner Zeitung meinte: »Heute also ist der Engländer im Land Ophir und öffnet von neuem die Schatzkammer des Altertums. In wenigen Jahren können wir erwarten, das Bild der Königin Victoria aus dem Gold geprägt zu sehen, mit dem König Salomo seinen elfenbeinernen Thron bedeckte.«

Mit den englischen Kolonialherren und Siedlern, darunter zahlreiche Buren, strömten Forscher, Abenteurer und Glücksritter ins Land. Hemmungslos gruben sie in den Ruinen von Zimbabwe nach verborgenen Schätzen und zerstörten damit viel von der ursprünglichen Anlage. Noch zweifelte kaum jemand daran, daß Israeliten, Phönizier oder Untertanen der Königin von Saba die Bauherren von Zimbabwe waren, wie Carl Mauch es behauptet hatte. Die Ruinen wurden eingegliedert in die von Weißen geschriebene Kulturgeschichte, in der die Schwarzen nur als Barbaren vorkamen. Damit ließ sich der Herrschaftsanspruch der Europäer gegenüber den Afrikanern vortrefflich rechtfertigen, besonders der Anspruch auf wirtschaftliche Ausbeutung.

Ab 1891 führten Engländer im Ruinengelände dilettantische Ausgrabungen durch, die Mauchs Ansichten über den Ursprung der Bauten bestätigen sollten. »Der Mythos einer fremden Kolonisierung«, schreibt die Ethnologin Bettina Schmidt, »ging in die Geschichtsschreibung der rhodesischen Siedler ein.« Der Naturwissenschaftler Robert Hartmann von der Humboldt-Universität Berlin blieb als einsamer Rufer in der Wüste ungehört. Er hatte schon 1876 gesagt, daß man in Zimbabwe nach alten afrikanischen Arbeiten suchen müsse, nicht aber nach phönizischen oder arabischen Konstruktionen. Bald nachdem London das Siedlungsgebiet der Shona, Ndebele und anderer Volksgruppen in Besitz genommen und 1895 zur Kolonie Rhodesien erklärt hatte, waren fast alle Historiker der Ansicht, daß sich zwischen dem dritten und siebenten Jahrhundert unserer Zeitrechnung der Machtbereich der Sabäer von Äthiopien bis nach Zimbabwe ausgedehnt habe. Angehörige des Volkes der Königin von Saba hätten die Region beherrscht und die nomadisierende Urbevölkerung, die sogenannten Buschleute und Hottentotten, unterworfen.

Auch der deutsche Afrikareisende Carl Peters folgte in seinem 1902 erschienenen Buch *Im Goldland des Altertums* dieser Darstellung. Er unternahm ab 1899 sechs Expeditionen ins Hinterland von Sofala und vermutete, das lateinische

Terra Africa sei vom Namen des Berges Afura am Sambesi oder von Afir, dem arabischen Namen für das Goldland Ophir, abgeleitet.

1902 erhielt der Rechtsanwalt und Journalist Richard N. Hall von der Kolonialverwaltung den Auftrag, als Kurator für die Erhaltung der Ruinen zu sorgen. Doch entgegen seinem Auftrag richtete er bei der Schatzsuche derart große Schäden an, daß archäologische Untersuchungen innerhalb einiger Mauern seither nicht mehr möglich waren. Hall bekräftigte in seinen Veröffentlichungen den Mythos König Salomos und der Königin von Saba im Zusammenhang mit Zimbabwe, geriet aber später wegen seiner unwissenschaftlichen und verheerenden Grabungen sowie aufgrund seiner haltlosen Theorien bei seriösen Fachleuten in Verruf.

Bald darauf führte der junge britische Ägyptologe David Randall-MacIver neue Untersuchungen durch, deren Ergebnisse er 1906 in seinem Buch *Mediaeval Rhodesia* (»Mittelalterliches Rhodesien«) zusammenfaßte. Darin widersprach zum erstenmal ein Wissenschaftler den bisherigen Annahmen über den Ursprung der Ruinen. Randalls Schlußfolgerungen schlugen ein wie eine Bombe: »In der Architektur von Zimbabwe«, schrieb er, »gibt es nicht die Spur eines orientalischen oder europäischen Einflusses, aus welcher Zeit auch immer.« Die innerhalb der Mauern gefundenen Gegenstände seien typisch afrikanisch, mit Ausnahme der importierten. Randall zog aus seinen Erkenntnissen den Schluß, daß Zimbabwe erst nach dem neunten Jahrhundert erbaut worden sein konnte, und zwar ausschließlich von Afrikanern. Er war der erste ausgebildete Archäologe, der in den Ruinen gegraben und geforscht hatte, doch das hinderte die Verfechter der König-Salomo-These nicht, ihn zu beschimpfen und als unqualifiziert abzutun. Besonders Hall widersprach heftig und verstand es, die rhodesischen Siedler und Kolonialherren von seiner Sichtweise zu überzeugen.

König Salomos Goldland

1929 unternahm die englische Archäologin Gertrude Caton-Thompson eine neue Expedition. Sie führte auf dem Ruinengelände äußerst sorgfältige und umfangreiche Ausgrabungen durch. Zwei Jahre später veröffentlichte sie in ihrem Buch *Zimbabwe Culture. Ruins and Reactions* (»Die Zimbabwe-Kultur. Ruinen und Reaktionen«) einen Forschungsbericht, der die Aussagen von Randall-MacIver bestätigte: Die Bauwerke sind afrikanischen Ursprungs und stammen alle aus dem Mittelalter. »Das Mysterium von Zimbabwe ist das Geheimnis des noch immer ruhig pulsierenden Herzens des dunklen Afrikas. Ehrfurchtsvoll lauschen wir der Stimme, die aus den alten Gemäuern zu uns spricht; wir vermögen ihre Sprache nicht mehr zu verstehen, aber in unseren Herzen empfinden wir erschauernd die Vergänglichkeit aller menschlichen Werke, die allein durch Geist und Bewußtsein über-

Medizinmann vom Stamm der Shona, der die Tradition des alten Zimbabwe bewahrt. Seinen Vorfahren traute man lange nicht zu, die steinerne Anlage errichtet zu haben

wunden werden kann«, fügte die Wissenschaftlerin poetisch hinzu.

Dem Deutschen Leo Frobenius, der Ende der zwanziger und Anfang der dreißiger Jahre mit seinen Assistenten breit angelegte Feldforschungen in Rhodesien betrieb, gelang es dagegen nicht, die in großer Zahl gesammelten mündlichen Überlieferungen der Afrikaner richtig zu deuten. Er fügte sie nur ein in die von ihm entwickelte Vorstellung eines »großerythreischen Kulturkreises«, der vor 3000 Jahren die afrikanischen und asiatischen Küsten des Indischen Ozeans umfaßt haben soll. Frobenius wollte, wie vor ihm schon Carl Peters, bei den Shona sogar mongolische Gesichtszüge erkannt haben.

50 Jahre dauerte der zeitweilig erbittert geführte Gelehrtenstreit, der mitunter wie ein Kriminalstück anmutete. Unvereinbar standen sich die Erkenntnisse angesehener europäischer Wissenschaftler und die oft ideologisch motivierten Ansichten weißer Rhodesier und Südafrikaner gegenüber. Erst 1952 in Chikago, dann 1954 in London konnten das Alter Zimbabwes genau bestimmt und seine rein afrikanische Herkunft unwiderlegbar nachgewiesen werden, und zwar durch die neue Radiocarbonmethode: Das in Erdschichten des Baugrunds und in Holzteilen der Ruinen, wie in jeder Materie, enthaltene radioaktive Kohlenstoff-Isotop Nr. 14, dessen Halbwertzeit bekannt war, wurde chemisch-physikalisch untersucht. Die erzielten, sehr genauen Ergebnisse wiesen ausnahmslos auf das 12. bis 15. Jahrhundert als Bauzeit hin; das ist mehr als 2000 Jahre später als von Mauch und anderen angenommen. Einer der größten Irrtümer der Archäologie war endgültig aufgeklärt.

Mauchs Vermutung, das von ihm gefundene Holz stamme aus dem Libanon, und seine Gleichsetzung des Erntedankfestes der Rozwi mit jüdischen Zeremonien erwiesen sich als reines Wunschdenken; er war ein Opfer seiner Phantasie geworden. Doch obwohl nun feststand, daß die Bauten das Werk von Afrikanern sind, warben in Rhodesien weiterhin Plakate mit dem Bild der Königin von Saba vor den Ruinen von Zimbabwe um Touristen.

Je überzeugender der afrikanische Ursprung der Bauwerke bestätigt wurde, desto unnachgiebiger verteidigten die weißen Rhodesier den Mythos israelitischer, phönizischer oder altägyptischer Einflüsse. Wer sich ihrer Meinung nicht anschloß, dem unterstellte das Regime der weißen Minderheit in den sechziger und siebziger Jahren Komplizenschaft mit den Befreiungsbewegungen der Schwarzen, die in den Ruinen ein Symbol nationalen Selbstbewußtseins sahen. Oberst Hartley, ein Nachkomme jenes berühmten Elefantenjägers, mit dem Carl Mauch unterwegs gewesen war, wetterte als Abgeordneter von Fort Victoria (heute Masvingo) im Parlament von Rhodesien: »Es gibt eine Entwicklung in der Deutung des Charakters der Ruinen, die offensichtlich davon bestimmt ist, die Meinung zu unterstützen, diese Ruinen seien von den Eingeborenen errichtet worden. Dies mag für Anhänger der Organisation der Afrikanischen Einheit eine sehr vorteilhafte Meinung sein, ich aber möchte bemerken, daß diese Meinung nichts als bloße Vermutung ist. Ich meine, es ist sehr schlecht, daß erlaubt wird, diese Entwicklung fortzusetzen.«

Die zunehmende Politisierung der Thematik führte 1969 im rhodesischen Parlament zu einem Beschluß, demzufolge alle Texte, die sich auf Zimbabwe bezogen, im Sinne des Regimes der Weißen zensiert wurden: Reiseführer und Inschriften in Museen, Schulbücher und Rundfunksendungen, Zeitungen und Filme. Der Archäologe Peter Garlake, der den afrikanischen Ursprung der Bauwerke vehement verteidigte, wurde des Landes verwiesen. Dagegen behauptete Lord Gayre 1972 in einem Buch, die Afrikaner hätten »noch nicht einen solchen Stand der Entwicklung erreicht gehabt«, daß sie als Architekten und Organisatoren fähig gewesen wären, derartige Bauten zu errichten. »Das erstaunliche Ausmaß der Arbeit, die geleistet worden ist, erlaubt es nicht, sie als Werk der Bantugesellschaft zu akzeptieren, damals wie heute.« Nicht zuletzt solche diskriminierenden Äußerungen trugen wesentlich dazu bei, daß der bewaffnete Befreiungskampf der Schwarzen von Zimbabwe um die Rückgewinnung nicht nur ihres Landes, sondern auch ihres historischen Erbes geführt wurde. Wann wurde jemals ein Gegenstand der Archäologie zu einem so heißen politischen Eisen?

Heute werden die Ruinen, die sich auf dem Berg und im Tal über eine Fläche von gut einem Quadratkilometer erstrecken, Groß-Zimbabwe genannt, zur Unterscheidung vom Namen der seit 1980 unabhängigen Republik Zimbabwe.

Das Labyrinth bei den Goldgruben

Für unseren Film und für diesen Artikel faßte der Ethno-Historiker Dawson Munjeri, Direktor der Nationalen Museen und Denkmäler von Zimbabwe, den jetzigen Stand der Erkenntnisse zusammen: »Heute wissen wir, daß Mauchs Rückschlüsse falsch waren. Als er nach Afrika kam, kannte er nur die Berichte der Portugiesen aus dem 16. Jahrhundert und die des Missionars Merensky. Die Portugiesen sprachen über Zimbabwe, obwohl sie nie dort waren. Es waren Informationen aus zweiter Hand, Erzählungen von Suahelis und Arabern. Als die Portugiesen von den großartigen Bauwerken hörten, die man Zimbabwe nannte, da sagten sie: Aha, das muß das Land sein, das einst dem König Salomo und der Königin von Saba gehörte. Heute steht fest, daß Groß-Zimbabwe zwischen dem 12. und 15. Jahrhundert einen allmählichen Aufstieg und einen plötzlichen Niedergang erlebte, also während des europäischen Mittelalters und keinesfalls in biblischer Zeit. Außerdem wissen wir, daß Einheimische die Bauten entworfen und errichtet haben. Die erste Besiedlung durch Vorfahren der heutigen Shona reicht zurück bis ins vierte Jahrhundert. Die Steinbauweise hat die hier ansässige afrikanische Bevölkerung entwickelt, aufgrund ihrer eigenen Fähigkeiten.«

»Gleichwohl sind«, fährt Munjeri fort, »Mauchs Forschungen noch heute von Bedeutung, trotz seiner Irrtümer. Sein Verdienst besteht darin, daß er eine der besten Beschreibungen von Groß-Zimbabwe hinterlassen hat. Nach ihm kamen Leute, die den Platz verwüsteten, um nach Schätzen zu suchen. Mauch war vor ihnen da, deshalb bleibt seine Beschreibung eine der besten, die wir haben und die wir noch heute benutzen, wenn wir bestimmte Teile der Bauwerke rekonstruieren wollen.«

Nachdem Wissenschaftler alle Spekulationen über Zimbabwe als Goldland König Salomos widerlegt haben, läßt sich

Die Granitfelsen sind geschickt in das Mauerwerk der Burg einbezogen

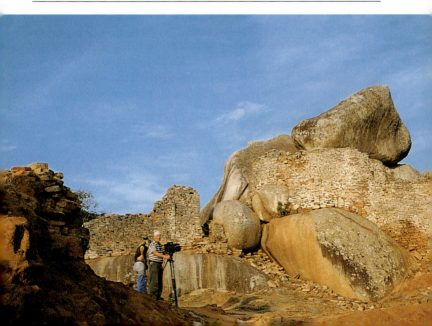

heute ein recht genaues Bild von diesem frühen Staat im Inneren Afrikas, seiner Hauptstadt und der Kultur ihrer Bewohner zeichnen, ein Bild, das sich von Vorstellungen, wie sie noch bis vor kurzem in Umlauf waren, sehr unterscheidet.

Etwa mit Beginn unserer Zeitrechnung wanderten bantusprachige Völker aus dem Kongobecken in die von Nachkommen der Ureinwohner, San und andere Nomaden, bevölkerte Region ein. Die Neuankömmlinge betrieben Ackerbau und Viehzucht, sie stellten in fortschreitender Arbeitsteilung immer bessere Geräte aus gebranntem Ton und Eisen her. Bis zum Jahr 1000 nach Christus besiedelten Vorfahren der Shona die Hochebene in der Mitte der heutigen Republik Zimbabwe. Die Zahl der Rinder war bestimmend für das Ansehen einer Person in der Gesellschaft. Vieh als Mitgift förderte das Zusammenwachsen der Stämme und die Herausbildung eines frühen Staatswesens.

Um die gleiche Zeit erreichten die Araber, die seit Jahrhunderten vom Mittelmeer über die Ostküste Afrikas bis nach Indien Handel trieben, das Hinterland von Sofala. Die in der Eisen-, Kupfer- und Goldverarbeitung erfahrenen Bewohner der Region tauschten diese Güter sowie Elfenbein gegen Perlen und Stoffe aus Indien. Bald führten Handelswege durch das ganze Land. Mit den Handels- und Verwaltungsposten, wachsendem Wohlstand und militärischer Stärke entwickelte sich eines der ersten afrikanischen Großreiche. Sein Zentrum waren die Bauten von Zimbabwe, in denen die Macht des Staates und seiner Herrscher Ausdruck fand. Nur in einem straff organisierten Staatswesen, mit fast unbegrenzt verfügbarer Arbeitskraft und großem Zeitaufwand konnte ein so gigantisches Werk wie die Errichtung der Mauern und Türme vollbracht werden.

In der Nähe des Ruinengeländes liegt ein Steinbruch. Dort gewinnen, wenn Mauern auszubessern oder zu rekonstruieren sind, heutige Arbeiter das Baumaterial noch auf die gleiche Weise wie ihre Vorfahren vor fünf- bis achthundert Jahren. Natürlich gewachsene Granitplatten werden mit Holzfeuer zwei bis drei Stunden erhitzt; beim Erkalten bilden sich Risse im Gestein, so daß sich mehr oder weniger gleichförmige Blöcke herausbrechen lassen, danach werden sie behauen und in gleichmäßige Form gebracht. Einst waren die Schlägel zum Steineklopfen aus Dolorit, der noch härter ist als Granit. Aus den behauenen Granitblöcken, die in der Regel etwa 30 Zentimeter dick sind, ebenso lang und 20 Zentimeter breit, errichteten die Bauleute die bis zu zehn Meter hohen Innen- und Außenwände der Mauern; die zwei bis fünf Meter breiten Zwischenräume füllte man mit kleineren, unbehauenen Gesteinsbrocken auf. An den Ruinen ist noch gut zu erkennen, wie sorgfältig die Erbauer von Zimbabwe die Steine ausgewählt, behauen und verlegt haben, nur nach Augenmaß, ohne Lot oder Wasserwaage und ohne Mörtel; eine bewundernswerte Leistung. Die Bauwerke gaben nicht nur der alten Stadt, sondern seit der Unabhängigkeit von weißer Kolonialherrschaft, 1980, dem ganzen Land seinen Namen: *Zimbabwe*, »Häuser aus Stein«, »Residenz des Herrschers«.

Auf dem Berg lag, für jeden sichtbar und der Erde entrückt, die Kultstätte zur Anbetung der höheren Macht. Hinter einer hohen Mauer an der Westflanke des Berges standen vermutlich 14 geräumige, strohgedeckte Lehmhütten, in denen wohl die Priesterschaft mit ihren Familien und Bediensteten wohnte. Die Mauern auf dem 80 Meter hohen Granitmassiv mit der Kultstätte umschließen eine Grundfläche von insgesamt 2600 Quadratmetern. Zwischen der West- und der Ostseite des Berges erstreckt sich ein von steil aufragenden Felsen gesäumtes Labyrinth schmaler Wege und geheimnisvoller Gänge, kleinerer Mauern und Bastionen. Geschickt sind die Felsen in das Mauerwerk einbezogen, es gibt keine scharfen Winkel.

Die Osteinfriedung ist gleichsam die Verlängerung einer fast senkrecht aus dem Tal aufsteigenden Granitklippe. Unter der Mauer liegen in einer Höhle noch uralte Eisenerzknollen; hier hatten sicherlich die Schmiede ihre Werkstätten. Vielleicht befragten Priester hier auch ein Orakel, denn Stimmen aus der Höhle sind noch in den 400 Meter entfernten Bauten im Tal deutlich zu hören.

Nur mit bergsteigerischem Können ist die höchste Stelle des Massivs zu erreichen, ein riesiger Felsblock an der Ostflanke des Berges. Von dort oben konnten Späher weit hinein ins Tal des Sabi-Flusses blicken und Ausschau halten nach den Handelskarawanen, die von der Hafenstadt Sofala heraufzogen, beladen mit Schätzen aus fernen Ländern, um auf dem Rückweg Gold und Elfenbein an die Küste zu bringen. Der Sabi-Fluß mündet südlich der Hafenstadt Sofala in den Indischen Ozean.

Von 4000 kleinen Goldgruben im alten Zimbabwe wird berichtet, aber viel blieb nicht übrig von den einst so ergiebigen Vorkommen. Wo es sich noch lohnt, werden sie heute von Konzernen industriell ausgebeutet.

Daneben suchen Zehntausende armer Dorfbewohner im Schwemmland von Flüssen ihr Glück als Goldgräber und Goldwäscherinnen, mit Arbeitsmethoden wie vor Jahrhunderten. In fünf bis zehn Meter tiefen Schächten schürfen sie mühsam nach Resten des Edelmetalls. Die Erde mit Spuren von Gold wird Korb um Korb nach oben gehievt und in Holzschüsseln mit Wasser vermengt, damit das Gold herausgewaschen werden kann. Was aber die Goldwäscherinnen finden, meist erst nach stunden- oder gar tagelanger Arbeit, sind bestenfalls Krümel, fast nie größer als ein halber Stecknadelkopf.

Unter weißer Vorherrschaft war es den Schwarzen streng verboten, nach Gold zu suchen. Heute wird es geduldet, doch die Ausbeute reicht kaum zum Überleben.

König Salomos Goldland

Früher gehörte alles, was man in Gruben und Flüssen fand, dem König. Durch den von ihm kontrollierten Handel mit Gold und Elfenbein entwickelte sich Groß-Zimbabwe zwischen dem 12. und 15. Jahrhundert zu einem der reichsten und mächtigsten Staaten im alten Afrika. Der König herrschte über etwa eine Million Menschen. Die zunehmende Goldproduktion machte auch die Handelsniederlassungen der Araber und Afrikaner an der Küste zu wohlhabenden Stadtstaaten. Ende des 19. Jahrhunderts fanden weiße Abenteurer in der Nähe der Ruinen von Groß-Zimbabwe so manchen verschütteten Schatz. Sie plünderten fast alles, was ihnen in die Hände fiel, und schmolzen unersetzliche alte Goldschmiedearbeiten zentnerweise ein. In den drei Museen des Landes – in der Hauptstadt Harare, in der früheren Hauptstadt Bulawayo und in Groß-Zimbabwe – sind nur noch wenige der wertvollen, vor Jahrhunderten angefertigten Schmuckstücke zu sehen; alles andere ging für immer verloren.

Die wenigen Goldschmiedearbeiten, die erhalten blieben und vor allem in Bulawayo ausgestellt sind, vermitteln einen Eindruck vom Wohlstand der herrschenden Elite im mittelalterlichen Zimbabwe. Da gibt es handtellergroße gehämmerte Goldfolien, Perlen, Drähte, Ketten und fein ziselierten Schmuck, der Zeugnis ablegt vom Kunstempfinden der Handwerker in früheren Jahrhunderten. Zu den Museumsobjekten gehören auch Gegenstände aus Kupfer wie Doppeläxte und doppelte Gongs, die Insignien der Herrscher. Sie gleichen denen in Westafrika und belegen die weitverzweigten historischen und kulturellen Verwandtschaftsbeziehungen der Völker Afrikas. Einen Doppelgong fand und beschrieb schon Carl Mauch. Auch kupferne Speerspitzen und Ketten, Fingerringe und Armreifen sowie bronzene Glocken, mit denen die Händler ihre Kunden anlockten, fand man bei Grabungen in den Ruinen. An einer Stelle stieß man auf große Mengen von Eisenwaren, darunter ein halber Zentner Draht und zwei Zentner Hacken, Beile und Meißel; vermutlich hatten dort Kaufleute ihr Lager. Die Erzeugnisse aus Eisen waren vor allem für den Handel im Landesinneren bestimmt.

Mit den Monsunwinden segelten im Mittelalter Schiffe aus China und Persien, Arabien und Indien an die afrikanische Ostküste. Archäologen fanden in den Ruinen Zehntausende von blauen, gelben und grünen Glasperlen, die aus Indien stammen und die überseeischen Handelsverbindungen Groß-Zimbabwes dokumentieren. Das gilt auch für Scherben persischer Keramik und chinesischen Porzellans. Eine kleine, blau bemalte und glasierte Schale aus Persien trägt eine Inschrift, die zeigt, daß sie im 13. oder 14. Jahrhundert angefertigt wurde. Außerdem kamen Bruchstücke chinesischer Porzellangefäße zum Vorschein, neben bemaltem Glas aus dem Nahen Osten, alles aus derselben Zeit. Der Archäologe Peter Garlake vermutet, daß die Stücke als Geschenke ins Land kamen oder als Tributzahlungen an den Herrscher; vielleicht gehörten sie auch zum Privatbesitz eines Kaufmanns, der von der Küste heraufgezogen war. Jedenfalls stand Groß-Zimbabwe vom 13. bis 15. Jahrhundert in direktem Kontakt mit Sofala und anderen Küstenstädten.

Seit langem hoch entwickelt war das Töpferhandwerk der Shona. Zu den wertvollsten Stücken im Museum bei den Ruinen zählt ein tierförmiges Tongefäß, das der Aufnahme von magischen Substanzen, wie Drogen und Heilkräutern, diente. In den älteren archäologischen Schichten lagerten zahlreiche Figürchen von Rindern und Schafen aus gebranntem Lehm, vielleicht Spielzeug für Kinder, wie man es noch heute bei manchen Stämmen findet. Wahrscheinlicher ist, daß es sich um Symbole handelt, deren Sinn mit einer Stammesideologie zusammenhängt. Die Tierfigürchen fanden sich in Schichten, die auch Figurinen aus gebranntem Ton in stark stilisierter

Menschengestalt – mit angedeuteten Köpfen, aber ohne Arme und Beine – aufwiesen. Vor allem innerhalb der Talruinen stießen Forscher auf eine Vielzahl von geschnitzten Gegenständen aus Saponit (Seifen- oder Speckstein); die meisten davon sind Phallus-Symbole, Zeichen für männliche Stärke, aber auch für die Macht des Herrschers. Auf den Friesen von Specksteinschalen bildeten die Künstler oft Rinder ab, in den Gefäßen fingen die Priester das Blut der Opfertiere auf. Je mehr Rinder ein Mann besaß, desto höher war sein Ansehen in der Gesellschaft; oft ist es noch heute so.

Die Magie der versteinerten Vögel

1889 hielten sich die Missionarssöhne Hermann und Wilhelm Posselt in der Nähe von Groß-Zimbabwe auf. Das Gebiet unterstand dem Shona-Häuptling Mugabe, der den beiden die Erlaubnis erteilte, die Gemäuer zu erkunden. Dabei stießen sie an der Osteinfriedung der Bergruine auf vier im Boden verankerte Stelen aus Speckstein, die von kunstvoll gearbeiteten Vogelfiguren aus dem gleichen Material gekrönt waren. Ohne Rücksicht auf die Proteste der Einheimischen schlugen die Europäer eine der Skulpturen von ihrem Sockel und nahmen sie mit, zusammen mit anderen Objekten, die sie im Tausch gegen Wolldecken erwarben. In Südafrika verkaufte Posselt die Vogelfigur an Cecil Rhodes, den Premierminister der englischen Kapkolonie. Sie befindet sich noch heute im Groote-Schuur-Haus in Kapstadt, dem Amtssitz des südafrikanischen Ministerpräsidenten. Die Skulptur erinnerte Rhodes an ähnliche Figuren, die er in Ägypten gesehen hatte, was ihn in dem Glauben bestärkte, in Zimbabwe seien Überreste einer außerafrikanischen Kultur und einer phönizischen oder altägyptischen Kolonie gefunden worden.

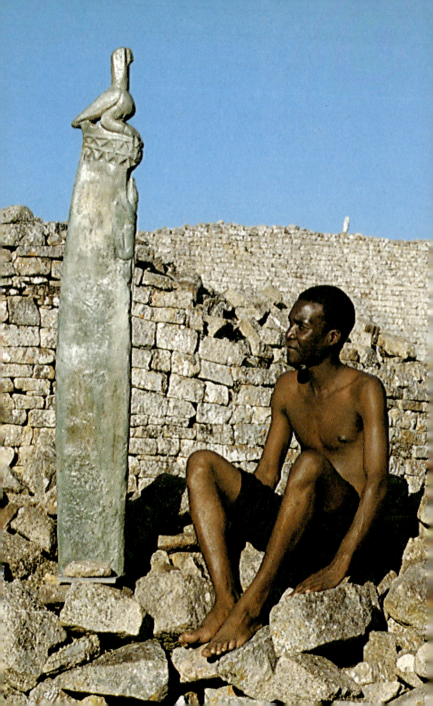

König Salomos Goldland

1891 entdeckte der Engländer Theodore Bent, ebenfalls an der Osteinfriedung der Bergruine, die von Posselt zurückgelassene Stele, vier weitere Vogelskulpturen auf Sockeln und die untere Hälfte einer fünften, ferner Schüsseln mit Dekor, kleine Phallusplastiken und Frauenstatuetten, Glasperlen und Porzellanfragmente. Bent schickte den umfangreichen Fund nach London, später überließ man die fünfeinhalb Vögel dem Museum in Kapstadt, das sie nach der Unabhängigkeit Zimbabwes 1980 dem Museum von Groß-Zimbabwe zurückgab. Nur die von Posselt gefundene Vogelfigur und der von Mauch 1871 entdeckte Steinbalken befinden sich heute noch in Kapstadt. Vom dortigen Museum erwarb das TERRA-X-Team für seine Filmaufnahmen eine originalgetreue Kopie, die anschließend dem Museum in Zimbabwe geschenkt wurde. Besucher können nun den berühmten Monolithen zum erstenmal seit seiner Entdeckung durch Mauch am Fundort sehen, wenigstens als Replikat.

Der Journalist Richard Hall stieß 1903 an der Westeinfriedung des Berges, etwa dort, wo Carl Mauch 1871 das Bruchstück des verzierten Steinbalkens entdeckt hatte, und in einer der Talruinen auf zwei weitere Vogelfiguren. Eine davon brachte er nach Südafrika; die untere Hälfte der Skulptur hatten andere weiße Schatzsucher schon vorher mitgenommen. Sie wurde 1906 an das Berliner Museum für Völkerkunde verkauft, seit dem Zweiten Weltkrieg jedoch ist sie verschollen. Die Abbildung von Halls Fund aus der Talruine, den er von Anfang an dem Museum in Bulawayo überließ, ist heute in Zimbabwe allgegenwärtig: Der Vogel ist als nationales Symbol auf der Fahne, im Staatswappen, auf Münzen und Geldscheinen zu sehen; Kopien davon gibt es in jeder Größe überall zu kaufen.

Die berühmte Vogelskulptur vor der Talruine, heute Nationalsymbol des Staates Zimbabwe

Auf die Zimbabwe-Vögel konzentrierte sich nach der Wiederentdeckung der versunkenen Stadt durch Carl Mauch das besondere Interesse der Archäologen. Manche sahen in ihnen Beweise für den phönizischen, andere für den assyrischen oder altägyptischen Ursprung Groß-Zimbabwes. Sie alle wollten damit Theorien vom außerafrikanischen Einfluß untermauern, aber alle haben sich geirrt. Die Skulpturen sind einzigartige Schöpfungen eines alten afrikanischen Kulturvolkes. Die Vögel sind etwa 35 Zentimeter hoch und krönen Stelen von durchschnittlich einem Meter Länge. Die Figuren sind aus weichem, dunkel-graugrünem Saponit geschnitten, der im Mashonaland offen zutage tritt; die nächste Stelle ist nur 24 Kilometer von Groß-Zimbabwe entfernt. Ob die Bildhauer mit ihren Werken irgendein wirkliches Lebewesen abbilden wollten, weiß man nicht. Garlake meint, es handele sich wahrscheinlich um »Ideogramme«, um Spiegelungen des Themas »Vogel«, nicht um Versuche einer realistischen Wiedergabe. Die Beine der Vögel sind rund und voll ausgebildet, die Füße haben eher Zehen statt Krallen, die Flügel sehen aus wie starre Rückenpanzer; die einzige Andeutung von Federn besteht bei einigen Figuren aus eingeritzten, parallelen Linien auf den Flügeln. Die Schnäbel sind vom Kopf kaum zu unterscheiden.

Die Vögel lassen sich, nach Garlake, in zwei Gruppen einteilen. Unterscheidungsmerkmale deuten darauf hin, daß jeder Vogel etwas anderes symbolisiert. Fünf von ihnen hocken auf geknickten Beinen, die Köpfe stehen im rechten Winkel von langen Hälsen ab. Sie sind schwanzlos, die Flügel laufen am Rücken zusammen, in einem Fall stehen sie schräg zum Hals. Bei vier Vögeln laufen kleine, erhabene Stege perlenförmig an Hals, Brust und Rücken entlang. Eines der Tiere hat Kreise auf den Flügeln, ein anderes ein Zickzackmuster unter den Füßen, ein drittes an der gleichen Stelle einen Rinderkopf. Die Figuren dieser Gruppe krönen Stelen von rechteckigem Zuschnitt mit schmalen Vorder- und breiten Seitenfronten; eine Form, die sich der Gestalt der Vögel anpaßt. Eine Stele ist mit einem Zickzackmuster, Kreisen und der Darstellung eines Krokodils versehen.

Die zweieinhalb Vogelfiguren der zweiten Gruppe haben Beine, die unmittelbar unter der Brust herunterhängen und eine Profilleiste umklammern; die Köpfe recken sich nach oben und setzen übergangslos den Hals fort. Die Vögel haben kräftige, fächerförmige Schwänze und viereckige Flügel, ihre langgestreckte Form wurde offenbar durch die zylindrische Gestalt der dazugehörigen Stelen bestimmt.

Neben den Vogelskulpturen fand man eine Vielzahl einfacher Monolithe von gleicher Höhe wie die Stelen mit den Vögeln. Bei den meisten Monolithen handelt es sich um rohe Stücke aus Granit oder Saponit, einige sind, wie der von Mauch gefundene Steinbalken, mit Bändern aus eingeritzten geometrischen Rauten-, Dreiecks- und Zickzackmustern verziert. Die Monolithe standen auf den Kronen der äußeren Hauptmauern, auf einer großen Stufenplattform neben dem Turm im Tal, an Bastionen, auf niedrigen Plattformen und zylindrischen »Altären« aus Mauerwerk oder Lehm. Alle waren sehr dicht und in größeren Gruppen angeordnet, offenbar nach bestimmten Gesichtspunkten konzentriert an Orten, deren heiliger Charakter aufgrund anderer Indizien feststeht. Da es sich, wie die abstrakten Motive und Ritzungen auf den Vogelskulpturen vermuten lassen, um Symbole handelt, müssen sie ihrer großen Anzahl wegen für eine Fülle von Personen oder Ereignissen gestanden haben. Das führte zu dem Schluß, daß es Gedenksteine für verstorbene Herrscher sind, Totempfähle oder magische Fürsprecher bei einem unsichtbaren Gott. Während der Filmaufnahmen sahen wir in den Dörfern bei den Ruinen ganz ähnliche Mahnmale. Die Toten spielen seit vielen Jahrhunderten in der Shona-Religion eine überaus wichtige Rolle, und für jeden ist es geradezu lebenswichtig, die Geister der Ahnen besonders zu ehren.

Vom Kultplatz zur Reichshauptstadt

Die meisten Zimbabwe-Vögel entdeckte man auf der Ostseite des Berges, wo sich die Kultstätte befand. Dort standen die Skulpturen gleichsam als Ahnengalerie der verstorbenen Herrscher. Auf einem freien Platz zwischen der Osteinfriedung und mächtigen Granitfelsen beteten die Priester, der Sonne zugewandt, um Regen. Über Plattformen strömte das Blut der Opfertiere, in mündlichen Überlieferungen wird sogar von Menschenopfern berichtet.

Die Tradition des Regenmachens ist unter der ländlichen Bevölkerung in der Nähe der Ruinen noch heute lebendig. Jedes Dorf hat seine Kultstätte, wo die Ahnengeister wohnen, meist auf einer Anhöhe zwischen hohen Felsen wie einst im alten Zimbabwe. Vor Fremden wird der Ort geheimgehalten. Ende Oktober, nach Monaten der Trockenheit, ziehen die Dorfbewohner hinauf zur Priesterin, dem spirituellen Medium. Wenn alle versammelt sind, eröffnet der Dorfälteste, ein würdiger Greis auf steinernem Thron, das geheimnisvolle Zeremoniell. Dumpfe Trommeln erklingen, Zungenschnalzen und rhythmischer Gesang setzen ein. Mit Tierfellen bekleidete Krieger schwingen wild ihre Speere, Frauen tanzen und klatschen in die Hände. Dann fordert der Zeremonienmeister das Medium auf, an einer verborgenen Stelle hinter dem höchsten Felsen mit den Ahnengeistern in Verbindung zu treten und sie um Regen zu bitten.

Die Menschen verharren stundenlang, oft sogar mehrere Tage an derselben Stelle und warten, ob Wind aufkommt, dunkle Wolken heranziehen und Regen fällt. Mögen es nur Tropfen sein, kleine Schauer oder ganze Sturzbäche, immer ist Regen ein Zeichen dafür, daß die Ahnengeister die Lebenden erhört haben und ihnen mehr oder weniger Wohlwollen entgegenbringen. Bleiben die wertvollen Niederschläge ganz aus, wie so oft in den letzten Jahren, ist das ein sehr böses Omen. Viele deuten es als Warnung der Ahnengeister an die Lebenden, mit den Schätzen der Natur sorgfältiger umzugehen.

Groß-Zimbabwe war von Anfang an und zu jeder Zeit ein bedeutendes religiöses Zentrum. Wenn in mündlichen Überlieferungen von den Stammvätern und Urmüttern des Shona-Volkes die Rede ist, wird stets auf deren spirituelle Kraft hingewiesen. Wahrscheinlich war die Religion beim Zusammenschluß der Stämme und beim Aufbau des frühen Staatswesens das wichtigste Bindeglied. Nicht nur die Vogelskulpturen, auch viele architektonische Elemente wie Türme und Monolithe,

Kultstätte, wo die Priesterin die Ahnengeister beschwört und um Regen bittet

Altäre und Plattformen deuten auf die wichtige Rolle hin, die religiöse Symbolik in der Kunst und im Bauwesen spielte.

Die Mauern auf dem 80 Meter hohen Granitmassiv mit der Kultstätte umschlossen – wie gesagt – eine Grundfläche von insgesamt 2600 Quadratmetern. Der Berg bot Platz für 25 Wohnhütten, in denen anfangs vermutlich nur der Herrscher mit seiner Familie, später auch die Priesterschaft lebte. Bis in das 13. Jahrhundert hinein beschränkte sich Groß-Zimbabwe fast nur auf den Bereich des Berges; erst gegen Ende dieser Epoche wurden die ersten Mauern im Tal errichtet. Die Wende vom 13. zum 14. Jahrhundert war zukunftsweisend, denn nun etablierte und festigte sich ein kleines, stark zentralisiertes Fürstentum, das sich auf religiöse und ökonomische Macht stützte. Groß-Zimbabwe lag in günstiger strategischer Position zwischen Produktions- und Handelszentren, was fast zwangsläufig zu einem raschen Aufstieg führen mußte.

Die Einwohnerzahl der Hauptstadt wuchs auf etwa 10 000 Menschen an: Hirten, Bauern und Krieger, die mit ihren Rindern und anderen Tieren die weite Ebene unterhalb des Berges bewohnten. Ein normaler Haushalt umfaßte fünf bis sechs von einer Steinmauer umgebene Lehmhütten mit spitzen Strohdächern. Die größte Hütte war für den Hausherrn bestimmt, in den anderen wohnten dessen Frauen mit den jüngeren Kindern; die älteren hatten, nach Geschlechtern getrennt, eigene Hütten. In jeder Behausung gab es zwei Räume, einer diente zum Wohnen und Schlafen, der andere als Küche, besonders in der Regenzeit. Reste gestampfter Erdfußböden von Wohnhütten sind an mehreren Stellen des Ruinengeländes noch gut zu erkennen.

Während des Wachstums im 14. Jahrhundert entwickelten sich neue Bautechniken, höhere und breitere Mauern entstanden. Die Goldproduktion wurde straffer organisiert und erweitert, außerdem entwickelten sich die Städte an der Ostküste zu lebhaften Umschlagplätzen, und der Handel mit den Ländern am Indischen Ozean und darüber hinaus dehnte sich stark aus. War es anfangs die Religion, so bildete jetzt die Kontrolle über den Handel mit Luxusgütern die Grundlage für das Gedeihen des Reiches. Als der Außenhandel eine immer größere Rolle zu spielen begann, erwies sich Groß-Zimbabwes geographische Lage als überaus günstig. Es lag am Rand ausgedehnter Goldlager und an der kürzesten direkten Verbindungslinie zur Küste, im letzten fruchtbaren, relativ regenreichen Landstrich des Graslandes vor dem von Tsetse-Fliegen verseuchten, ungastlichen Tal des Sabi-Flusses und den Bergen östlich davon. Der Fluß wurde zu einer der meistbenutzten Handelsrouten, die das Innere des Kontinents mit der Küste verbanden. Von Groß-Zimbabwe aus, das am Ursprung eines der Nebenflüsse des Sabi liegt, konnte über die Flußtäler die Barriere der Berge umgangen und die weite Küstenebene bequem erreicht werden.

Groß-Zimbabwes Herrscher verstanden es, den Handel soweit unter Kontrolle zu bringen, daß sie schließlich das Monopol darüber besaßen. Statthalter und Vasallen zahlten dem König Tribut in Form von Gold und Elfenbein und erhielten dafür Zugang zu importierten Luxusgütern aus fernen Ländern. Das einfache Volk hatte von diesem Handel zwar nicht viel, aber er war bedeutend genug, um eine beachtliche Anzahl von Menschen anzulocken, die dann in Groß-Zimbabwe blieben, um vom Wohlstand wenigstens etwas abzubekommen, als Entgelt für die Produktion und Lieferung von Nahrungsmitteln, für die Arbeit in den Steinbrüchen und beim Mauerbau. Für die Allgemeinheit war nicht der Handel mit Luxusgütern, sondern der Austausch von Kupfer, Eisen, Salz und Textilien mit den Nachbarvölkern von Bedeutung. Zwischenhändler waren oft Suaheli-Leute, die ihre Waren von der Küste ins Landesinnere brachten. Fremde Händler genossen freies Geleit, solange sie sich der Kontrolle durch den Herrscher unterwarfen.

König Salomos Goldland

Groß-Zimbabwes Wohlstand beruhte auf dauerndem Frieden und stabilen Verhältnissen im ganzen Land, von den Minen bis zur Küste. Der Reichtum der Elite spiegelte sich vor allem in den Bauwerken wider. Nun wurde das Tal völlig besiedelt, die ersten Mauern der neuen Residenz des Herrschers entstanden. Überfluß herrschte, Gold- und Kupferschmiede hatten alle Hände voll zu tun, das Spinnen und Weben wurde durch neue handwerkliche Techniken verfeinert, und es gab Kontakte zu den Handwerkern in den Städten am Indischen Ozean. Porzellan-, Keramik- und Glasgefäße aus dem Nahen und Fernen Osten kamen in Gebrauch, die das Stilempfinden der einheimischen Töpfer befruchteten. Es gab nun genug Menschen, um so viele Granitblöcke heranzuschaffen, daß die schönsten und am besten zusammenpassenden Bausteine in aller Sorgfalt ausgesucht werden konnten. So entstand das großartige Mauerwerk mit seinen regelmäßigen Steinlagen, das noch heute Bewunderung hervorruft.

Mit der Fertigstellung der großen Einfriedung im Tal als königliche Residenz und dem konischen Turm als Fokus der religiösen Vorstellungswelt, umgeben von Plattformen, Monolithen und Skulpturen, erreichte Groß-Zimbabwe im frühen 15. Jahrhundert seine Glanzzeit. Nachdem sich alle Geschäftigkeit im Tal konzentriert hatte, verlor die Bergruine an Bedeutung, doch sie blieb als Kultstätte ein besonderes Heiligtum, wie die dort gefundenen Vogelfiguren und mündliche Überlieferungen bezeugen.

In der Nähe der 244 Meter langen, fünf Meter dicken und bis zu zehn Meter hohen Ringmauer standen die Wohnhütten von Handwerkern, Hofdienern und Würdenträgern. Im Tal gibt es noch Reste von zwölf separaten Steineinfriedungen; in jeder lebte eine Familie mit sechs bis sieben Erwachsenen und zahlreichen Kindern.

Die große Einfriedung erhebt sich an der Flanke der breiten Talmulde unterhalb der Südklippen des Berges, 400 Me-

König Salomos Goldland

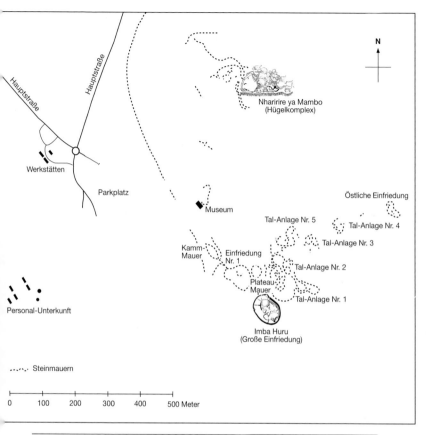

Ruinen von Groß-Zimbabwe

ter entfernt davon auf einem niedrigen Granitsockel. Für den Bau der riesigen Mauer mußten rund 5000 Kubikmeter Granit gebrochen, behauen, mit Muskelkraft herangeschafft und verlegt werden, mehr als für alle anderen Bauten zusammen; eine gigantische Leistung. Man schätzt, daß mindestens 400 Arbeiter etwa 30 Jahre lang daran gebaut haben. Die Mauer bildet eine geschlossene Ellipse mit einem Durchmesser von

90 Metern; sie ist das größte frühgeschichtliche Bauwerk südlich der Sahara. Die Shona-Kalanga nennen es *Mumbahuru*, »Haus der Großfrau«, womit die Königinmutter gemeint ist, die einflußreichste Person in vielen afrikanischen Gemeinwesen. Innerhalb der großen Einfriedung, die eine Gesamtfläche von 4000 Quadratmetern umschließt, standen mindestens 45 geräumige Hütten, die Luxuswohnungen jener Zeit, in denen die Königinmutter und der Herrscher mit seinen vielen Frauen und noch zahlreicheren Kindern lebten; zusammen etwa 200 Personen. Die monumentale Mauer führte jedem die Macht des Herrschers und den Prunk des Hofes vor Augen, das war ihre einzige erkennbare Funktion. Für das Volk blieb der König fast immer unsichtbar, er zeigte sich nur bei besonderen Anlässen.

Im Inneren der königlichen Residenz gab es einen weiteren vollständig ummauerten Bezirk, ein annähernd kreisförmiges Gebilde von 20 Meter Durchmesser, das Raum für fünf Wohnhütten bot. Sein Mauerwerk deutet auf die Übergangsphase zwischen der älteren und jüngeren Steinlagen-Bauweise hin, auf die Zeit unmittelbar nach den Mauerbauten im Bereich der Bergruinen; mithin ist es eines der ältesten Bauwerke im Tal und wohl das Kernstück der Residenz.

Zwischen dem 12. und 15. Jahrhundert wurde die Bautechnik immer mehr perfektioniert. Die älteren Steinlagen sind noch kurz und niedrig, die jüngeren länger und höher, die Steine wurden immer sorgfältiger behauen. Geschwungene Treppen und Torbögen zeugen von architektonischem Fingerspitzengefühl. An der großen Einfriedung läßt sich der allmähliche Wandel in der Meisterschaft und im Format der Bauweise besonders gut erkennen: Sie begann mit einer Technik, die gegenüber den älteren Mauern kaum einen Fortschritt darstellte. Die Steinlagen waren noch ziemlich kurz, sie erreichten nur die Hälfte ihrer späteren Länge und Breite. Mit dem Fortgang der Arbeiten verfeinerte man die Methoden, schraubte die Ansprüche an die Architektur höher. Immer mehr Bauleute und Zeit waren erforderlich, um die nötigen Steinmassen zu zerkleinern und herbeizuschaffen. Je länger man an der großen Einfriedung baute, desto mehr nahm sie an Breite und Höhe zu; die Bautechnik verbesserte sich zusehends, bis sie zu dem heute noch sichtbaren großartigen Ergebnis führte. Monolithe und ein doppelreihiger, zickzackförmiger Fries krönen das jüngere Mauerwerk.

Im Labyrinth der Mauern und Bastionen, Plattformen und Nischen innerhalb der großen Einfriedung fällt eine lange, gut einen Meter breite, stets schattige Passage auf, die zwischen der hohen Mauer und einer niedrigeren älteren verläuft. Die ältere Mauer sollte Wohnhütten schützen. Später begann man, ein größeres Gelände zu umfrieden; damit begann die Errichtung der hohen Außenmauer. Zwischen ihr und der parallel dazu verlaufenden alten Mauer entstand die schmale Passage. Sie hat in Groß-Zimbabwe nicht ihresgleichen und führt zum bedeutendsten Einzelelement, dem architektonischen Brennpunkt der Bauten im Tal: zu dem zehn Meter hohen, kegelförmigen oder konischen Turm, einem massiven Rundbau aus schönen, gleichmäßigen, gegeneinander versetzten Steinlagen auf einer Grundfläche von fünfeinhalb Metern. Seitlich schließt sich eine Plattform von acht Meter Durchmesser an, die größte, die je in Zimbabwe gebaut wurde. Der Turm hat weder Eingang noch Fenster; im Innern befindet sich nur loses Gestein. Was könnte die Menschen bewogen haben, mit großer Mühe einen solchen Bau zu errichten, der heute vielen Betrachtern als sinnlos erscheinen mag? Eine Antwort findet man wohl nur, wenn man bedenkt, daß Menschen mit starkem Gestaltungswillen und viel Phantasie, seien es Künstler oder Architekten, schon immer, und in der Vergangenheit häufiger als jetzt, Werke geschaffen haben, deren Wert nicht im materiellen Nutzen liegt, sondern in ihrer Schönheit und Symbolkraft.

Der Turm hat die Form alter Getreidespeicher und gilt als Sinnbild für Fruchtbarkeit, auch als Wahrzeichen für die Macht des Herrschers. Mit Getreideabgaben zollten die Bauern und Vasallen dem König Tribut. Auf dem Platz vor dem Turm empfing er hohe Würdenträger und Botschafter von nah und fern, hier fanden wichtige Zeremonien statt, bei denen Abordnungen der Untertanen dem Herrscher, seiner Hauptfrau und der Königinmutter huldigten.

Die Hauptfrau wurde von der Königinmutter und dem Ältestenrat ausgewählt, die Nebenfrauen konnte der Herrscher selbst bestimmen. Häuptlinge und Würdenträger legten großen Wert darauf, dem König eine ihrer Töchter zur Frau zu geben. In traditionellen afrikanischen Königtümern, Sultanaten und Häuptlingschaften ist das noch heute üblich. Bei vielen Völkern Afrikas haben die Mütter, Frauen und Schwestern der Herrscher seit jeher großen Einfluß, selbst auf die Amtsgeschäfte. Im alten Zimbabwe entschieden die Königinmutter und die Hauptfrau zusammen mit der Priesterschaft über die Thronfolge. War der König unheilbar krank oder ein Tyrann, konnte der Ältestenrat, nach Befragung der spirituellen Medien, den König sogar töten lassen. Der Herrscher war nicht Eigentümer, sondern nur Verwalter der Lebensgrundlagen des Volkes, der Rinderherden, Feldfrüchte und Bodenschätze.

In der zweiten Hälfte des 15. Jahrhunderts erreichte der Staat seine größte territoriale Ausdehnung und innere Festigkeit. Eine Untergruppe der Shona, die Rozwi und ihre Häuptlinge, hatten um 1425 die politische Herrschaft über die anderen Stämme errungen und die letzte Dynastie von Groß-Zimbabwe begründet. Sie dehnte das Reich vom Limpopo im Süden bis zum Sambesi im Norden aus, von der Kalahari-Wüste im Westen bis ins Hinterland der Küste von Mosambik im Osten. Die Historikerin Thea Büttner beschreibt in ihrer *Geschichte Afrikas* den politischen und wirtschaftlichen Zustand dieses frühen Staates. Die Macht der Zentralgewalt basierte, neben einer direkten Oberherrschaft über die Kernprovinzen, auf Schlüssel- und Kontrollfunktionen im Handel und bei der Goldproduktion sowie auf einem religiös begründeten Priesterhäuptlingstum, das dem Herrscher, dem *Mwene Mutapa*, eine gottähnliche Verehrung sicherte. Er war die oberste religiöse Autorität, nach seinem Tod wurden er und seine Ahnen göttlich verehrt. Das Zeremoniell gebot jedem, ob Rinderhirt, Würdenträger, Vasall oder Fremder, sich dem Herrscher, der meist verborgen hinter einem Vorhang auf einem reich verzierten Thronsessel saß, nur kniend zu nähern.

Besondere symbolische Verehrung galt dem königlichen Feuer, das an den heiligen Stätten des Herrscherhofes brannte, gehütet von Priestern und Angehörigen der Schmiedekaste. Die Vasallenhäuptlinge trugen Ableger des heiligen Feuers als Zeichen dafür, daß sie die Oberherrschaft des *Mwene Mutapa* anerkannten, in ihre Provinzen. Sie waren zu jährlichen Tributleistungen in Form von Gold, Elfenbein, Rindern und Arbeitskräften verpflichtet. Das Tribut- und Abgabesystem

Eingang in der großen Ringmauer der Talanlage

setzte sich von oben nach unten fort, natürlich auch in den Kernprovinzen des Reiches, die von Söhnen und Neffen des Herrschers oder von engen Vertrauten und Gefolgsleuten verwaltet wurden. Hauptquelle des königlichen Haushalts aber waren die Einnahmen aus dem Handel mit Luxusgütern. Der Herrscher sicherte sich durch die Beteiligung am gesamten Fernhandel mit den Küstenstädten nicht nur hohe Zölle und Steuern, sondern baute als Schutzherr der Handelswege auch seine politische Vormachtstellung aus.

Um die Mitte des 15. Jahrhunderts waren in Groß-Zimbabwe Tausende von Menschen unmittelbar vom Herrscherhof abhängig, dessen Wirtschaft fast völlig auf dem Küstenhandel beruhte. Draußen im Reich jedoch lebte die Masse der Bevölkerung von der Hand in den Mund, dort gab es nur wenige Anreize, neue handwerkliche Techniken und Industrien zu entwickeln und die Wirtschaftsgrundlage zu erweitern. Steil war das Gefälle des Lebensstandards zwischen Zentrum und Randzonen. Hinzu kam, daß der Staatenbund ein recht schwerfälliges Gebilde war, bedroht durch die wachsende Stärke von Gruppen in der Gesellschaft, die durch den Wohlstand nach oben gekommen waren. Groß-Zimbabwe hatte ein riesiges Territorium unter seine Kontrolle gebracht, aber es war zu weit von den Schauplätzen der Ereignisse entfernt und unfähig, Unabhängigkeitsbestrebungen von Provinzstatthaltern zu verhindern. Es brauchte nur wenig, um größere soziale Konflikte im Zentrum selbst auszulösen, mit denen das Gemeinwesen nicht fertig werden konnte.

Welche Ereignisse schließlich zum Untergang des Reiches führten, ist noch ungeklärt. Vielleicht fand nach mehreren Mißernten die Bevölkerung mit ihren großen Rinderherden auf dem überweideten und ausgetrockneten Land nicht mehr genügend Nahrung; vielleicht weigerten sich Vasallen, weiterhin Tribut zu zahlen; offenbar gab es unauflösliche Spannungen zwischen dem Herrscher und der Priesterschaft um die

Thronfolge sowie Rivalitätskämpfe unter Mitgliedern der Herrscherdynastie, in denen auch das Handelsmonopol eine Rolle spielte. Vielleicht führten verschiedene Ursachen zusammen dazu, daß die staatliche Einheit zerbrach und der Herrscher seine alte Residenz schließlich aufgab. Er zog mit einem Teil der Bevölkerung nach Norden, ins Dande-Gebiet am mittleren Sambesi, und gründete dort einen neuen Staat; andere Gruppen wanderten aus in Richtung Süden und Westen.

Nachdem Groß-Zimbabwe aufgehört hatte, politisches und wirtschaftliches Zentrum zu sein, zerbrach das gesamte Gesellschaftsgefüge. Der Machtumschwung führte zur Erschließung ganz neuer Wirtschaftsquellen. Seiner Handelsbeziehungen, seines Reichtums und seiner Macht beraubt, war Groß-Zimbabwe bald nur noch ein Schatten seines früheren Glanzes. Vielleicht sind portugiesische Berichte glaubhaft, wonach der Ort im späten 15. Jahrhundert Landsitz einer der Frauen des *Mwene Mutapa* war. Nur eines blieb Groß-Zimbabwe: eine Stätte mit starker religiöser Ausstrahlung für das Volk der Shona-Kalanga.

Nach und nach verschlang der Busch die prachtvollen Bauten, und Groß-Zimbabwe versank im Dunkel der Geschichte. Keine andere Stadt im Inneren Schwarzafrikas hat seine monumentale Größe und bizarre Schönheit je wieder erreicht. Zwischen Limpopo und Sambesi entstanden Hunderte von kleinen Zimbabwes, unbedeutende Fürstentümer und Häuptlingschaften. Der neue Staat des *Mwene Mutapa* im Norden verlor schon nach 100 Jahren an Einfluß, seine Herrscher wurden zu Marionetten in den Händen der Portugiesen. Im Westen und Süden von Groß-Zimbabwe gründeten die Rozwi-Häuptlinge im 16. Jahrhundert einen Staatenbund, der sich wieder zu einem Großreich entwickelte und um die Wende vom 17. zum 18. Jahrhundert sogar die Portugiesen mit ihren Vasallen aus den Niederlassungen am Sambesi verdrängte. In der ersten Hälfte des 19. Jahrhunderts zerbrach auch dieser Staatenbund der Shona; wenig später erblickten Adam Render und Carl Mauch als erste Europäer die Ruinen von Zimbabwe, ein von Menschenhand geschaffenes Wunder in der Wildnis.

Flußreise ohne Wiederkehr

1000 Kilometer nördlich der untergegangenen Stadt schuf die Natur ein Wunder für die Ewigkeit, die größten Wasserfälle der Erde, wo die Wassermassen des Sambesi auf einer Breite von fast zwei Kilometern über 120 Meter in die Tiefe stürzen, bis zu 700 000 Kubikmeter pro Minute. Die Afrikaner nennen die Wasserfälle *Mosi-wa-Tunya*, »donnernder Rauch«; die Engländer gaben ihnen den Namen ihrer Königin: Victoria-Fälle. Vor allem ab Mai, nach der Regenzeit, gehen die hoch aufspritzenden Wassermassen in weitem Umkreis als Nieselregen nieder. David Livingstone war es, der am 16. November 1855 als erster Weißer das gewaltige Naturschauspiel sah und beschrieb. Am Sambesi-Fluß, weit unterhalb der Victoria-Fälle, hinterließ 17 Jahre später Carl Mauch seine letzte Spur in Afrika.

Seit 1905 überspannt eine 200 Meter lange Eisenbahnbrücke die mehr als 100 Meter tiefe Schlucht des reißenden Sambesi. Eine Fahrt mit dem Zug über die Brücke, mehr noch ein Hubschrauberflug über die Wasserfälle, ist ein unvergeßliches Erlebnis. In der Mitte der Brücke verläuft die Grenze zwischen den Ländern Zimbabwe und Zambia. Die erste Ortschaft auf sambischer Seite, die auch zu Fuß oder mit dem Taxi zu erreichen ist, heißt Livingstone und hat ein sehenswertes kleines Museum mit Gegenständen aus dem Besitz des berühmten Afrikaforschers.

Der Name der pittoresken, blumengeschmückten Bahnstation Victoria Falls in Zimbabwe erinnert an jene englische Königin, nach der ein ganzes Zeitalter, ein Stil der Architektur, der zweitgrößte Binnensee und die größten, aber auch schönsten Wasserfälle der Erde benannt sind. Das traditionsreiche Hotel Victoria Falls, eröffnet 1904, lohnt einen Besuch. Es liegt, nur ein paar Schritte vom Bahnhof entfernt, inmitten tropischer Pflanzen; von der Terrasse blickt man auf Brücke und Schlucht.

Neun Monate verbrachte Carl Mauch bei den Ruinen von Groß-Zimbabwe. Ende Mai 1872 nahm er Abschied von seinen Gastgebern, Häuptling Bika und Adam Render, um malariakrank nach Deutschland zurückzukehren. Mit Schüttelfrost und hohem Fieber erreichten er und drei Träger in Eilmärschen nach zwei Monaten bei der Ortschaft Senna das Ufer des Sambesi, fast an der gleichen Stelle, wo 1856 David Livingstone während seiner West-Ost-Durchquerung des südlichen Afrika vorbeigekommen war. Erschöpft notierte Mauch am 18. Juli 1872: »Gegen elf Uhr begab ich mich an den Fluß zum Boot, das aus einem Baumstamm gehauen, alles zurücklassend, Instrumente, Bücher, Waffen.« Nur seine Tagebücher

---

Die Victoria-Fälle an der Grenze zwischen Zambia und Zimbabwe

König Salomos Goldland

und die von ihm gezeichneten Landkarten nahm er mit. Allein mit dem einheimischen Bootsmann fuhr er über gefährliche Stromschnellen zehn Tage flußabwärts und erreichte schließlich die Hafenstadt Quelimane am Indischen Ozean, 125 Kilometer nordöstlich des Sambesi-Deltas.

Das französische Segelschiff *Jarmel* brachte den lebensgefährlich Erkrankten nach Marseille, im Januar 1873 kam er zurück nach Deutschland. Fast acht Jahre war Mauch in Afrika unterwegs gewesen, Jahre voller Entbehrungen und Gefahren, aber in einem seiner letzten Briefe heißt es: »In der Wildnis habe ich die schönste Zeit meines Lebens verbracht.« Als Kartograph und Geologe erwarb er sich große Verdienste um die Erforschung des Kontinents. Der Traum seines Lebens jedoch, die Wiederentdeckung des legendären Goldlandes von König Salomo, erfüllte sich nicht. Mauch war seiner eigenen Phantasie, Irrtümern und Mißverständnissen zum Opfer gefallen. Wie so viele Europäer konnte und wollte er nicht begreifen, daß auch die Afrikaner schon vor Jahrhunderten zu erstaunlichen Kulturleistungen fähig waren.

1874 erschien in *Petermanns Geographischen Mittheilungen* Mauchs zusammenfassender Bericht über seine »Reisen im Inneren von Süd-Afrika«, der mit den Worten endet: »Mögen künftige, mit besseren Mitteln ausgerüstete Expeditionen als die meinige dazu beitragen, daß man sich für jene Gegenden mehr interessiert, als es bisher der Fall war; das Land zwischen Limpopo und Zambesi bietet soviel des alten und neuen Werthvollen, daß eine weitere Vernachlässigung auch Ungerechtigkeit wäre. Ich für meinen Theil schätze mich glücklich, dazu berufen gewesen zu sein, gewissermaßen den Vorläufer zu machen, und ich hoffe, daß die Resultate meiner achtjährigen, mit so bescheidenen Mitteln ausgeführten Reisen Anregung geben zu näherer Erforschung des Landes und Verwerthung seiner kostbaren Produkte.« Diese Hoffnung

Mauchs hat sich erfüllt, wenn auch zum Leidwesen der Afrikaner auf dem Umweg des Kolonialismus.

Wieder in Deutschland, blieb dem Außenseiter und störrischen Einzelgänger Mauch die erhoffte Karriere als Wissenschaftler versagt, erfolglos bewarb er sich bei Museen und Instituten. Er hielt noch eine Reihe von Vorträgen, unternahm eine kurze Reise in die Karibik und mußte sich den Lebensunterhalt als Geologe einer Zementfabrik in Blaubeuren verdienen. Die nie ganz ausgeheilte Malaria und rheumatische Schmerzen zehrten an seinen Kräften, er fühlte sich einsam, war deprimiert, griff immer öfter zum Alkohol. Zunehmend befielen ihn Zweifel an der Richtigkeit seiner Darstellung von Groß-Zimbabwe als Goldland König Salomos. Eines Nachts rang er, von Asthma geplagt, um Luft, trat an das offene Fenster seiner Wohnung im zweiten Stock, verlor das Gleichgewicht, stürzte auf die Straße und brach sich die Wirbelsäule. Er starb am 4. April 1875 in einem Stuttgarter Krankenhaus, kurz vor seinem 38. Geburtstag. Unter einer Granitplatte auf dem Prag-Friedhof in Stuttgart ist er beerdigt; ein Berg in den Drakensbergen von Transvaal, dem Land seiner längsten Wanderungen, trägt seinen Namen.

Erst die Nachwelt erfuhr, was Mauch vor seinem tragischen Ende als »Vertrauliche Notiz über die Ruinen von Zimbabwe« zu Papier gebracht hatte: »Meine Meinung über die Ruinen hat sich bedeutend verändern müssen. Bei einigem Nachdenken darüber zeigt sich die Beurteilung nicht mehr stichhaltig.« Was er damit meinte, nahm er als Geheimnis mit ins Grab. Das Rätsel von Zimbabwe blieb noch für Jahrzehnte ungelöst. Kaum ein anderer Gegenstand archäologischer und historischer Forschung hat so heftige Kontroversen und leidenschaftliche Auseinandersetzungen hervorgerufen wie die Ruinen von Groß-Zimbabwe. Trotz seiner Fehldeutungen hatte Carl Mauch als erster die Aufmerksamkeit der Wissenschaft und der interessierten Öffentlichkeit auf eine der eindrucksvollsten Leistungen afrikanischer Kultur gelenkt.

Wind des Wandels

Eine Oktobernacht 1994 im Ruinengelände von Groß-Zimbabwe. Wir warten darauf, daß sich die Wolken vor der gelben Scheibe des Vollmonds verziehen, damit wir die Schlußeinstellungen des Films über König Salomos Goldland drehen können. Vor dem konischen Turm haben sich Bewohner von Dörfern der Umgebung versammelt, späte Nachkommen der Untertanen jener Herrscher, die einst hier residierten.

Am Tag zuvor waren wir aus dem Norden des Landes zurückgekehrt, genauer gesagt aus dem Chikwenya Camp, einem Lager von Wildhütern an den Mana Pools, unmittelbar am Südufer des Sambesi-Flusses gelegen, etwa in der Mitte zwischen den Victoria-Fällen und jener Stelle bei Senna, wo 1872 Carl Mauch seine Kanufahrt zur Küste begonnen hatte. Die Mana Pools sind ein Tierreservat, so unwegsam und abgeschieden von jeglicher Zivilisation, daß man es nur vom Flugplatz Kariba aus mit kleinen Propellermaschinen erreichen kann. Nach einstündigem Flug landeten wir auf einer kleinen Piste mitten im Busch, begrüßt von trompetenden Elefanten. Ranger brachten uns mit Geländewagen zu den strohgedeckten Hütten des Camps.

Dort in der Wildnis am Sambesi, in einer der einsamsten Gegenden des Landes, sieht es noch so aus wie vor 125 Jahren, als Carl Mauch zu Fuß unterwegs war, um das legendäre Goldland König Salomos zu suchen: menschenleere Dornbuschsavanne, 2000 Jahre alte Affenbrotbäume, überall Herden von Büffeln und Elefanten, Wasserböcken und Antilopen, in und am Sambesi Flußpferde und Krokodile, Vögel in unendlicher Zahl und Vielfalt.

Wenige Tage vor unserer Ankunft mußte ein Elefantenbulle erschossen werden, der mit seinen mächtigen Stoßzähnen auf einen der Wildhüter losgegangen war, zwischen der letzten Hütte des Camps und dem Uferstreifen. Als wir ankamen, schwebten schon Scharen von Geiern über der Stelle, wo der Kadaver des Elefanten lag; kreischend und wild mit den Flügeln schlagend, ließen sie sich zur Mahlzeit nieder. Nachts hörten wir die Hyänen schmatzen, kaum zehn Meter von unseren Schlafstellen entfernt; Löwen strichen knurrend durch das Lager. Es war die richtige Einstimmung für unsere Kamerakollegen Eckart Hoffmeyer und Ute Kerstingjohänner, für Tontechniker Stefan Ebert, vor allem für Uwe Hoffmann, den hünenhaften Diplomingenieur aus Leipzig, der mit seinem Vollbart dem 1871 gleichaltrigen Carl Mauch so ähnlich sieht, daß er die Rolle des Afrikaforschers bekommen hatte, und für Erik Schneider, Landwirtschaftsberater des Deutschen Entwicklungsdienstes in Zimbabwe, der sich bereitwillig in den Großwildjäger Adam Render verwandelte. Bedienstete des Lagers sagten zu, als Mauchs Träger mitzuwirken; sie mußten natürlich barfuß gehen und ihre Hosen mit Lendenschurzen vertauschen, die wir wohlweislich mitgebracht hatten.

Auf einer Erkundungsfahrt durch das Gelände fanden wir bald geeignete Drehorte für eine Filmszene, in der Mauch mit sechs schwer bepackten Trägern zu Fuß durch die Wildnis zieht, bevor er Bikas Kraal erreicht und den Abenteurer Adam Render trifft, und für eine andere Einstellung, in der Mauch erschöpft und todkrank im Kanu den Sambesi stromabwärts fährt. An Büffeln, Elefanten und Flußpferden mangelte es nicht, nur die Suche nach einem alten, aus einem einzigen Baumstamm gefertigten Kanu dauerte mehrere Tage, weil so altertümliche Boote heute kaum noch in Gebrauch sind. Das einzige, das wir auftreiben konnten, war so klein, daß weder unser schwergewichtiger Darsteller noch der Bootsmann das Gleichgewicht halten konnten. Dreimal kenterten sie, fielen kopfüber in den Sambesi und mußten völlig durchnäßt ans Ufer schwimmen, zum Glück von Krokodilen unbemerkt.

Langsam kommt der Vollmond hinter den Wolken hervor, aber es wird wohl Mitternacht werden, bis er dort steht, wo wir ihn haben wollen, genau über dem konischen Turm, dem größten Mysterium von Zimbabwe. Geduldig harren für die Filmaufnahmen auch die Afrikanerinnen und Afrikaner aus, darunter eine weise Frau, die viele Legenden aus der Geschichte ihres Volkes zu erzählen weiß, und eine andere Alte, die ein berühmtes spirituelles Medium ist, dazu Musikanten, Sängerinnen und Tänzerinnen, nicht zu vergessen die Träger für das schwere Gerät, das wir bei den Filmaufnahmen benötigen, sowie unser Dolmetscher Mathew Takaona und die beiden unermüdlichen Fahrer, die uns in den letzten fünf Wochen über Hunderte von Kilometern sicher an die jeweiligen Drehorte brachten.

Die Nacht ist hell, und während alle warten, schlendere ich nachdenklich durch das Ruinengelände, versuche, ein paar Erinnerungen einzufangen an frühere Aufenthalte in Zimbabwe; insgesamt sind es zehn, der erste liegt 27 Jahre zurück. Damals, 1967, hieß das Land noch Rhodesien, zwei Jahre zuvor hatte sich die Regierung der weißen Minderheit einseitig von englischer Oberhoheit losgesagt und Rhodesien für unabhängig erklärt, gegen den Protest der Vereinten Nationen, die einen Wirtschaftsboykott verhängten. Unabhängig waren nur die Weißen, und ihre Armee kämpfte verzweifelt gegen die Partisanen der schwarzen Befreiungsorganisationen, die das Joch kolonialer Unterdrückung endlich abschütteln wollten. Die Regierung des weißen Großgrundbesitzers Ian Smith hatte den Ausnahmezustand über das Land verhängt. Die Medien waren strenger Zensur unterworfen, Versammlungen von mehr als fünf Personen verboten, die politischen Parteien der Afrikaner sowieso, ihre Führer saßen zu Tausenden in

Gefängnissen und Lagern, darunter viele schwarze Pfarrer und Lehrer. Wer sich gegen die Unterdrückung von zehn Millionen Schwarzen durch 200 000 Weiße wehrte und dem Regime gefährlich erschien, konnte ohne Gerichtsverfahren für bis zu fünf Jahre eingesperrt werden. Die Erinnerung an jene dunkle Zeit verbindet mich mit den Afrikanerinnen und Afrikanern, die sich in dieser Nacht mit uns getroffen haben, um an einem Film über eine glanzvollere Epoche ihrer Geschichte mitzuwirken; sie schlägt die Brücke von den steinernen Zeugen ferner Jahrhunderte über die jüngste Vergangenheit zu den Menschen von heute.

Im Gedächtnis eingeprägt haben sich Begegnungen mit Menschen, wie jene im Jahr 1975, als ich Highfield besuchte – ein Ghetto für 45 000 Schwarze außerhalb der Hauptstadt Harare, die damals noch Salisbury hieß – und die Lehrerin Ruth Chinamano traf, eine schwarze »Mutter Courage«. Der Krieg war im zehnten Jahr, und ebenso viele Jahre hatten Ruth und ihr Mann Josiah in Internierungslagern und Gefängnissen verbringen müssen; erst seit fünf Wochen waren sie wieder in Freiheit. Die Chinamanos hatten Anfang der sechziger Jahre eine Schule für Schwarze ins Leben gerufen, um dem Unterrichtssystem der weißen Kolonialherren, in dem die Kultur und die wahre Geschichte der Afrikaner nicht vorkamen, etwas entgegenzusetzen; deshalb wurden sie verhaftet. Freunde brachten die fünf Kinder der Chinamanos – das jüngste war drei, das älteste zwölf – zu Pflegeeltern nach England. Ruth und Josiah wußten nicht, wann sie ihre Kinder wiedersehen würden; sie blieben zehn Jahre von ihnen getrennt. Daß sie die Freuden und Sorgen der Heranwachsenden nicht mit ihren Kindern hatte teilen können, sagte mir Ruth Chinamano, war ihr größter Schmerz. Es gab viele solche Schicksale in den von Weißen beherrschten Ländern Afrikas.

Erst 1980 gingen die nur allzu berechtigten Forderungen der Afrikaner in Erfüllung: Freilassung aller politischen Gefangenen, Rede-, Presse- und Versammlungsfreiheit, eine Verfassung, die allen Bürgern gleiche Rechte gibt, freie Wahlen. Der Wind des Wandels, der seit mehr als 20 Jahren über Afrika blies, hatte nun auch die vorletzte Bastion der Weißen zum Einsturz gebracht. Zum erstenmal seit fast einem Jahrhundert regierten wieder Schwarze ihr Land, und Rhodesien erhielt den traditionsreichen Namen Zimbabwe. *ZANU*, die »Afrikanische Nationalunion von Zimbabwe«, die im Kampf gegen die weiße Vorherrschaft die meisten Opfer gebracht hatte, gewann die Wahlen; ihr Führer Robert Mugabe, ein Angehöriger des Volkes der Shona, wurde Regierungschef, bald auch Staatspräsident und hat diese Ämter bis heute inne. *ZAPU*, die »Afrikanische Volksunion« und Partei der weniger zahlreichen Ndebele unter ihrem Führer Joshua Nkomo, einem Veteranen des Befreiungskampfes, der von vielen als »Vater der Nation« verehrt wird, wurde zweiter Sieger. Mugabe bekannte sich zum Sozialismus, ließ aber das Privateigentum unangetastet und enttäuschte damit viele seiner Anhänger. Die Weißen, nur gut ein Prozent der Gesamtbevölkerung, besitzen immer noch mehr als die Hälfte des guten Bodens mit Mais- und Tabakfarmen, riesige Rinderherden, fast alle Häuser und Fabriken; sie gebieten über Banken und Versicherungen, Handelsfirmen und Bergwerke.

Vier Jahre später besuchte ich das Hauptsiedlungsgebiet der Ndebele zwischen Bulawayo und der Grenze zu Südafrika; es war ein trauriger Anlaß. Dort, im Südwesten von Zimbabwe, waren Einheiten des Regierungschefs Mugabe in einen mörderischen Buschkrieg mit Gruppen von Nkomos ehemaligen Befreiungskämpfern verwickelt, die sich, vom Wahlausgang enttäuscht, auch der neuen Staatsmacht widersetzten. Ihre Waffen hatten sie behalten, Nachschub kam aus Südafrika. Terror und Gegenterror im Matabeleland forderten Hunderte von Menschenleben.

1985 waren wieder Wahlen in Zimbabwe, die ersten seit der Unabhängigkeit. Aus diesem Anlaß gab es ein Wiedersehen mit Ruth Chinamano, das ganz anders verlief als erwartet. Die Veteranin des Widerstandes kandidierte als Stellvertreterin Nkomos erneut für die *ZAPU* und gegen Mugabe, aber ihre Versammlung in Highfield, früher eine Hochburg der *ZAPU*, war nur schwach besucht. Anhänger Mugabes wollten die Wahlkundgebung sprengen, es kam zu Handgreiflichkeiten. Ruth Chinamano mußte flüchten und um Polizeischutz bitten, die Veranstaltung platzte, noch ehe sie begonnen hatte. Triumphierend schwangen Anhängerinnen Mugabes die Bilder ihres Idols. Am nächsten Tag sprach der Staats- und Regierungschef im Stadion von Highfield vor Zehntausenden. Er geißelte Joshua Nkomo, den Kampfgefährten von einst, als »Vater der Terroristen« im Matabeleland und, was noch schwerer wog, als von den Weißen Südafrikas bezahlten Agenten. Nkomos Gegenkundgebung wurde verboten, Mugabe gewann haushoch die Wahl. Aber, und das war typisch afrikanisch, die Versöhnung ließ nicht lange auf sich warten. Die beiden Parteien vereinigten sich, Nkomo wurde stellvertretender Ministerpräsident und blieb es bis heute.

Im April 1995 wurde die Nationalversammlung zum drittenmal neu gewählt; an Mugabes Mehrheit im Parlament – 147 von 150 Sitzen – änderte sich nichts. Die Wahlen fanden in den staatlich kontrollierten Medien und in der Bevölkerung nur wenig Interesse. Der Wind des Wandels ist nur noch ein Säuseln. Die 20 Oppositionsparteien sind zerstritten und chancenlos, doch innerhalb der Regierungspartei gärt es. Jüngere Politiker drängen auf Ablösung der alten Garde, die den Problemen hilflos gegenübersteht: der Arbeitslosigkeit von über 40 Prozent, der schwindenden Kaufkraft, der ungerechten Landverteilung, dem versteckten Rassismus in Teilen der weißen Bevölkerung, dem Ausverkauf der einheimischen Ressourcen an multinationale Konzerne. Die Armut nimmt, wie in allen Ländern Afrikas, dramatisch und sichtbar zu. Dennoch ist Zimbabwe immer noch eine Insel des Friedens im Ozean der Stürme, die über den Kontinent fegen.

Die Rückkehr der Ahnengeister

Im alten Zimbabwe bestimmten die Bewegungen des Mondes die Lebensweise der Herrscher. In der Mythologie der Shona stand am Beginn allen menschlichen Lebens in der Gemeinschaft die Herrschersippe der *Banya-Mwetsi*, der »Dynastie des Mondes«. Deshalb kehren bei Vollmond die *Mhondoro* zurück, die Geister der Ahnen.

In der Zeit kolonialer Unterdrückung trugen Legenden über die Ahnengeister und Geschichten über die ruhmreiche Vergangenheit von Groß-Zimbabwe und das Reich des *Mwene Mutapa* wesentlich zur Herausbildung eines neuen kulturellen und nationalen Selbstbewußtseins bei. Um die weiße Vorherrschaft zu überwinden, mußte nicht nur eine neue soziale und politische Ordnung entworfen und durchgesetzt, sondern auch die kulturelle Symbolsphäre ins Bewußtsein der Menschen zurückgeholt werden. So wurden über die Ahnengeister und die spirituellen Medien (Priester und Priesterinnen) die vorkolonialen Traditionen wiederbelebt, die in krassem Gegensatz zur Kultur der weißen Siedler standen. In Anknüpfung an die mündlichen Überlieferungen der Shona enthielten die Lieder von Befreiungsorganisationen oft Appelle an die Ahnengeister und Bezüge zur vorkolonialen Vergangenheit. Die Regierung der weißen Minderheit dagegen sah im Glauben der Afrikanerinnen und Afrikaner an die Geister ihrer Ahnen eine Bedrohung, so daß sie die spirituellen Medien, die im Sinne dieses Glaubens tätig waren, ebenso verfolgte wie die politischen Agitatoren und bewaffneten Widerstandskämpfer.

König Salomos Goldland

Besonders um den konischen Turm in Groß-Zimbabwe ranken sich zahllose Legenden, denn in ihm lebt der Geist Murengas, des Urvaters der Shona und ersten Herrschers der »Monddynastie«, der über Moral und Wohlstand seines Volkes wacht. In manchen Vollmondnächten treffen sich am Turm Nachkommen derer, die eines der großartigsten Denkmäler afrikanischer Kultur errichtet haben, Nachfahren von Rinderhirten und Hirsebauern, Handwerkern und Goldgräbern, Bauleuten und Künstlern. Während der Mond seine Bahn zieht, lauschen sie den Alten, die noch die Überlieferungen aus der Geschichte der Shona kennen und an die Jungen weitergeben, von Generation zu Generation.

»Ihr wißt nicht, wer Groß-Zimbabwe gebaut hat?« fragt eine der weisen Frauen und gibt selbst die Antwort: »Manche meinen, die Weißen haben es gebaut, andere glauben, es waren die Suaheli. Wir aber wissen, unsere Vorfahren haben es

Nachkommen der Shona in den Ruinen von Zimbabwe

erbaut, Menschen wie wir. Und warum haben sie es gerade hier gebaut? Weil es ein guter Platz war, um ein großes Reich zu gründen, mit vielen Häuptlingen und einem klugen, mächtigen Herrscher; deshalb wurde Groß-Zimbabwe hier gebaut.«

Ein Mythos erzählt, daß das Tal von Groß-Zimbabwe einst ganz mit Wasser gefüllt war. Eines Tages stieg aus dem See die große Mauer auf, sie wurde nicht von Menschenhänden geschaffen und war in ferner Zeit von Wasser umgeben. Solange die Menschen die Opferbräuche befolgten, erhob sich das Bauwerk bei Vollmond aus dem See, um mit abnehmendem Mond wieder zu verschwinden. Bei jedem neuen Auftauchen flossen dem König und seinen Untertanen Gold, Perlen und Edelsteine zu. Als aber der Herrscher neue Gesetze einführte, viele der Opfer verbot und alle Menschen schwer arbeiten ließ, da trocknete der See aus, die hohe Mauer der Residenz stand fortan auf trockenem Boden, sie verfiel mehr und mehr, und der letzte König aus der »Dynastie des Mondes« verließ das Land.

Nach einer anderen Legende ist die Ringmauer im Tal ein Abbild des Vollmonds, und wie der Mond erstrahlte der König, der darin wohnte, manchmal in voller Pracht, ehe er sich wieder in völlige Verborgenheit zurückzog. Innerhalb der Residenz lebten auch die Frauen und Töchter des Herrschers, von denen sich einige, der Überlieferung zufolge, bei ausbleibendem Regen emsig der Liebe hingeben mußten. Kam es dennoch zu lebensbedrohlicher Trockenheit, mußte eine der Töchter dem Mondgott geopfert werden.

Zu den spirituellen Vorstellungen der Shona gehört der Glaube, daß im Himmel und in der Unterwelt die gleichen Menschen, Tiere und Pflanzen wie auf der Erde leben und der Mensch den gleichen Tätigkeiten nachgeht: Er bestellt seine Felder, baut seine Hütten, vergnügt sich bei Musik und Tanz. Deshalb unterscheiden sie auch nicht zwischen kosmischem Gott und irdischem König, und so erklärt sich die tiefe Ver-

König Salomos Goldland

bundenheit der im Diesseits Lebenden mit den Geistern der Ahnen im Jenseits.

So birgt Zimbabwe über die materielle Kultur hinaus noch viele Geheimnisse. Die Rätsel und Weisheiten afrikanischer Mythologie sind für uns »Kinder der materialistischen Anschauungsperiode schwer zu begreifen«, sagt der Afrikaforscher Leo Frobenius (1873–1938). »Denn wir müssen verstandesgemäß verstehen, was jene bildmäßig schilderten. Wir schreiben und lesen in enger Kammer kleine Bücher, wo jene die große Umwelt, die Erde, die Pflanzen- und Tierwelt und den Himmel mit ihren Blicken umspannten und aus dem Kosmos in Ergriffenheit Verstehen schufen.« Wer Expeditionen ins unbekannte Afrika unternimmt, der kann als Europäer immer wieder erleben, wie seine Vorstellungen von Gott und der Welt angesichts einer ganz anderen Wirklichkeit ins Wanken geraten. Heute allerdings verbindet sich das Staunen über das Unbekannte immer öfter mit der Sorge, daß Afrikas spirituelle Identität bald vollends zerstört sein könnte.

Noch kennen viele Menschen in Zimbabwe die Geschichte und Kultur ihrer Vorfahren und sind stolz darauf. Für die heute Lebenden sind die Ruinen Symbole für Größe und Wohlstand von einst, auch Zeichen für Befreiung und Wiedergeburt und die Hoffnung auf eine bessere Zukunft. In den Liedern, Erzählungen und Legenden der Shona ist das goldene Zeitalter von Groß-Zimbabwe nie zu Ende gegangen. Wo aber König Salomos Goldland wirklich lag, das wird wohl für immer ein Rätsel bleiben.

Hajo Bergmann

Morgenlandfahrt

Expedition durchs alte Persien

Ein weißer Fleck

Wer das Dichten will verstehen,
Muß ins Land der Dichtung gehen;
Wer den Dichter will verstehen,
Muß in Dichters Lande gehen.

Johann Wolfgang von Goethe, *West-östlicher Diwan*

Als im Februar 1994 in meiner persönlichen Umgebung ruchbar wurde, daß mich mein nächstes Filmprojekt ausgerechnet in den Iran ziehe, waren die Reaktionen einigermaßen seltsam: Als wären die Geister aus Betty Mahmoodys unsäglichem Werk »Nicht ohne meine Tochter« überall lebendig, mutmaßte man, ich würde in ein teuflisches Reich reisen, in dem Diktatur und Mittelalter herrschten.

Da ich schon einige Zeit mit dem Thema beschäftigt war, forschte ich nach und bat befreundete Lehrer, ihre Klassen zu fragen, wer Zarathustra sei und wo Persepolis liege. Die Ergebnisse waren erschreckend: Persepolis wurde mehrheitlich in Griechenland vermutet, und zu Zarathustra fiel den meisten nur Nietzsche ein!

Meine eigenen Erinnerungen an Persien reichen bis in die Schulzeit zurück. Damals gingen die Studenten gegen den Schah auf die Straßen, und ich erinnere mich noch gut, wie ich als Zwölfjähriger mit Freunden durch das Fenster des Pfarrhauses den Konfirmandenunterricht verließ und einer solchen Demonstration folgte. Die APO geißelte Menschenrechtsverletzungen und die Praktiken des Geheimdienstes SAVAK; die Regenbogenpresse dagegen war voll von Bildern des persischen Kaiserpaares auf dem Pfauenthron.

Morgenlandfahrt

Mit der islamischen Revolution unter Khomeni änderte sich die Lage. Auf einmal war das Erscheinungsbild des Iran negativ besetzt. Der lange Krieg mit dem Irak war im Westen kaum ein Thema. Fernsehbilder präsentierten das Bild einer fanatischen und aggressiven Nation. Persien und seine Dichter, die wahlverwandten Lieblinge der deutschen Geisteswelt, gingen in der einseitigen Berichterstattung völlig unter. Statt dessen war es nach dem Zusammenbruch der UdSSR manchen Kreisen im Westen anscheinend wichtig, ein neues Feindbild zu schaffen. Der Islam und Khomeni schienen vielen, die an Polarisierung interessiert sind, die geeignete Zielscheibe zu sein.

Grund genug für ein Filmprojekt, das die uralte Kultur Persiens und eine vorurteilsfreie Begegnung mit dem Islam zum Thema hat. Obwohl der Iran nur wenige Flugstunden von Deutschland entfernt liegt, sind viele Bereiche seiner Geschichte, viele geistige Einflüsse auf das Abendland in Vergessenheit geraten – die Wahlverwandtschaft unseres Dichterfürsten Goethe mit dem Perser Hafiz genauso wie viele Details, die Literatur, Kunst und Architektur beeinflußt haben.

Für mich waren die Begegnung mit der Kultur Persiens und die zehn Wochen Recherche und Dreharbeiten eine beeindruckende Zeit. Die Sensibilität, Feinfühligkeit und der Stolz der Menschen im Iran brachten bereichernde Momente echter Herzenswärme.

Persönlich möchte ich mich an dieser Stelle bei der großen Orientalistin Frau Dr. Annemarie Schimmel bedanken, die mir ihre Zeit und ihr unendliches Wissen zur Verfügung stellte. Bei allen Expeditionen in den Iran und nach Pakistan durfte ich vor der Abreise zum Tee kommen; zum Abschied wünschte sie mir immer auf türkisch: »Mögen Ihnen auf Ihrem Weg alle Türen offenstehen.« Und sie standen offen.

■■■■■■■■■■ **Morgenlandfahrt** ■■■■■■■■■■

Persienreise im großen Krieg

Die Unwissenheit in Europa über die islamische Religion ist groß, und über den Iran wird immer noch ein Zerrbild verbreitet. Die Kulturen des alten Persien und die sehr differenzierte Vorstellungswelt der islamischen Lehren geraten in Vergessenheit. Erst 1616 wurde, nach einer alten Empfehlung Luthers, der Koran ins Deutsche übersetzt; eine wissenschaftliche Orientalistik gibt es erst seit dem 19. Jahrhundert. Unter allen Religionen hat das Christentum den Islam am meisten attackiert. Das Abendland produzierte Vorurteile. Ursache war nicht zuletzt die Eroberung Spaniens durch die Araber. Dieses Ereignis verbreitete in Europa eine Stimmung aus Furcht und Haß, die mindestens bis zur Belagerung Wiens durch die Türken im Jahr 1683 anhielt.

Um so erstaunlicher ist die Geschichte der schleswig-holsteinischen Expedition, die am 22. Oktober 1635 von Norddeutschland aus auf abenteuerlichen See- und Landwegen über Moskau nach Persien reist. »Durch uns kommt Persien in Holstein eingezogen«, schrieb der Dichter Paul Fleming, der der Gesandtschaft des Herzogs Friedrich III. angehörte. Doch was veranlaßte den Fürsten mitten im Dreißigjährigen Krieg, eine über hundert Personen starke Delegation nach Isfahan an den Hof des Schah zu senden?

Zum einen sollten die Gesandten Philip Crusius, ein Rechtsanwalt aus Eisleben, und der Hamburger Kaufmann Otto Brüggemann den persischen Herrscher zu einem Bündnis gegen die Türken gewinnen. Zum anderen sollte vor allem der angeschlagene Haushalt Herzog Friedrichs saniert werden: Der Persienhandel lockte. Die Idee war, einen Handelsweg zu schaffen, der die Waren über das Kaspische Meer, die Wolga hinauf durch Rußland und über die Ostsee nach Schleswig-Holstein bringen würde. Gottorf sollte der Umschlagplatz für den Persienhandel werden, und die Route wäre viermal kürzer als der gefährliche Seeweg um das Kap der Guten Hoffnung gewesen.

Doch beide Vorhaben scheiterten am schroffen Vorgehen Otto Brüggemanns in Isfahan, dem es nur gelang, unverbindliche Kontakte zu vereinbaren, die nichts einbrachten. Als die Gesandtschaft 1639 nach Schleswig zurückkehrte, war der Ärger groß. Brüggemann wurde 1640 »wegen vielfacher Vergehen, Veruntreuung von Geldern, falscher Rechnungslegung, Überschreitung seiner Kompetenzen und Hintergehung des Gesandten Crusius« hingerichtet.

Adam Olearius. Kupferstich von 1658

Der einzige Gewinn der Reise war geistiger Art und ist verknüpft mit dem Namen Adam Olearius, dem Chronisten und Zeichner der Gesandtschaft. Eine überaus interessante Persönlichkeit, deren Spuren man noch heute im zum Museum gewordenen Schloß Schleswig-Holstein-Gottorf folgen kann. Er kam aus einfachen Verhältnissen, sein Vater war Schneider in Aschersleben/Anhalt. Verschiedene Gönner und Lehrer ermöglichten seinen Bildungsweg, den ihm die arme Familie nie hätte finanzieren können. Er wurde Magister der Leipziger Universität. Wie zu dieser Zeit üblich, latinisierte er seinen Namen, und aus dem gebürtigen Adam Öhlschlegel wurde Adam Olearius. Geld konnte man damals als Magister kaum verdienen, so schlug er sich als Konrektor der Nikolaischule, als Assessor der philosophischen Fakultät und mit allerlei Unterricht durch. Als Sachsen in den Strudel des Dreißigjährigen Krieges geriet, verließ er Leipzig und folgte dem Ruf Herzog Friedrichs III. nach Schleswig.

Dieser hatte ihm den Dienst eines Sekretärs und Chronisten der Gesandtschaft nach Moskau und Persien angeboten. Olearius war kein genialer Gelehrter, aber neugierig. Diskret, was die Peinlichkeiten des Gesandten Brüggemann betrafen, und mit fast wissenschaftlicher Genauigkeit skizzierte und zeichnete er das Bild eines völlig fremden Landes, brachte Licht in die dunkle Welt der Vorurteile über die morgenländischen Verhältnisse.

Seine 1647 in erster und 1656 in zweiter Auflage veröffentlichte *Neue moskowitische und persianische Reisebeschreibung* enthält fundierte ethnologische Beobachtungen, leben-

In der barocken Schloßkapelle von Gottorf/Schleswig versammelten sich die Mitglieder der Expedition zum Bittgottesdienst für die lange Reise

dige Schilderungen der Alltagskultur und erschließt vor allem die tiefe Geisteswelt Persiens. Neben der Reisebeschreibung übersetzte Olearius den *Gullistan*, den *Rosengarten* von Sheik Saadi und löste damit eine immense Verbreitung morgenländischen Gedankenguts in Europa aus. Die orientalische Welt war von da an nicht mehr nur die Heimat des Antichristen, sondern auch jenes Wunderreich aus Tausendundeiner Nacht, das zum Beispiel Joseph von Hammer-Purgstall und Friedrich Rückert zu zahllosen Übersetzungen aus dem Arabischen, Türkischen und vor allem aus dem Persischen inspirierte. Letztendlich steht auch der *West-östliche Diwan* von Goethe unter diesem Einfluß.

Titelseite der Reisebeschreibung von Adam Olearius

Das Erstaunliche an der abenteuerlichen Reise der Gesandtschaft aus Schleswig-Holstein-Gottorf war also, daß ihr materielles und politisches Scheitern durch die literarischen und künstlerischen Erfolge der Einzelperson Olearius historisch eine völlig andere Bedeutung bekam. Das Fehlverhalten der Gesandtschaft transportiert gleichzeitig in der Person des Adam Olearius eine geistige Qualität zurück ins Abendland, die zur Keimzelle für ein ganz neues Verständnis der orientalischen Welt wurde.

Morgenlandfahrt

Im folgenden sei es gestattet, ein wenig aus der *Moskowitischen und persianischen Reise* zu erzählen. Die Originalausgabe wird in der Herzog-August-Bibliothek in Wolfenbüttel aufbewahrt. Eine von Detlef Haberland herausgegebene gekürzte Ausgabe ist im Handel erhältlich.

Olearius beruft sich bei seinen Motiven für die Reise auf den Philologen Justus Lipsius: »Nur Leute von schlechter und geringer Natur haben Lust, hinter dem Ofen zu sitzen und in ihrem Vaterland angebunden zu bleiben; diejenigen aber sind edler und voll Geist, welche dem Himmel folgen und zur Bewegung Lust haben.« Doch waren die Erfahrungen der Gesandtschaft durchwachsen. Olearius notierte, daß manche »der Unsrigen ihre Reise bedauert« hätten:

*Was suchen wir doch viel die
alten Herrlichkeiten,
Die unterworfen
sind dem Fraß der Zeiten?
Ich habe Persien
und Persien gesucht
Und darum
meinen Weg
wohl hundertmal verflucht.*

Am 22. Oktober 1633 bricht eine Vorausabteilung aus Gottorf nach Moskau auf. Zar Michail Fjodorowitsch sollte um Erlaubnis gebeten werden, Rußland auf dem Weg nach Persien passieren zu dürfen. Man schifft sich am 8. November in Travemünde ein und erreicht Riga am 14. des Monats. Dort reist die Gruppe nach einigen Tagen auf 31 Schlitten weiter und trifft im August 1634 in Moskau ein. Das diplomatische Verfahren am Zarenhof zieht sich fast ein halbes Jahr hin. Der Kanzler des Zaren überreicht während eines Banketts das Antwortschreiben an Herzog Friedrich III., sein Ansinnen ist bewilligt.

Morgenlandfahrt

Olearius hat diese Zeit für Zeichnungen und Beschreibungen genutzt. Er schreibt jeden Tag, und auch das Bankett stellt er detailliert dar: »Die Gerichte, auf sechsundvierzig Schüsseln, waren meistenteils gesottene, in Öl gebratene und gebackene Fische, vielerlei Gemüse und anderes Gebackenes.« Solchermaßen gestärkt, traten die Gottorfer Weihnachten 1634 den Rückweg an. Der Schiffer Michael Cordes wurde 100 Meilen östlich von Moskau mit sechs Mann zurückgelassen; dort sollte er ein Schiff bauen, das später die eigentliche Gesandtschaft die Wolga hinunter ans Kaspische Meer bringen sollte. Im April 1635 erreichen die anderen Gottorf, und Herzog Friedrich, nun vom Gelingen überzeugt, läßt das Unternehmen starten.

Insgesamt schiffen sich am 22. Oktober 1635 129 Personen in Travemünde ein; darunter Handwerker, Köche, Bootsleute, Wagenmeister, ja sogar Feldtrompeter sowie türkische, russische und persische Dolmetscher. Doch die Seefahrt wird zum Drama. Das Schiff läuft »auf eine blinde aber platte Klippe«, schreibt Olearius, und damit beginnt eine Odyssee in Stürmen und mehrfachem, schließlich endgültigem Schiffbruch.

Mich dünkt, ich höre noch den Zorn
der tollen Wellen,
den Grimm der wilden Flut,
daß mir die Ohren gellen,
mir ist, als seh' ich noch die drohend' Not,
die augenblicklich auch zusammenschwur den Tod,

dichtete Paul Fleming in seinem *Carmen vom Schiffbruch*, und als die Schiffbrüchigen Anfang Dezember in Reval einziehen, gibt es Dankgottesdienste und Empfänge. Doch das war erst der Anfang. Während der Reise durch Rußland erweist sich Olearius in Bild und Schrift als beachtlicher Chronist. Kein

Morgenlandfahrt

Gelehrter, aber neugierig und offen, scheut er sich nicht, andere Ansichten zu korrigieren: »Was ich selbst bereist habe und mit eigenen Augen gesehen habe (ob dies immer auch bei den anderen geschehen ist, ziehe ich sehr in Zweifel) und also anders erfahren habe, scheue ich mich nicht zu schreiben.« Reisen zum Vergnügen oder zur Selbstfindung sind im Zeitalter des Barock unbekannt. »Weil dies alles um des Menschen willen erschaffen ist, will der gütige Gott auch, daß es den Menschenkindern kund und er dadurch gepriesen werde.« Und dabei läßt Olearius keine Details aus: Er findet Wippe und Schaukel als beliebte Freizeitbeschäftigung für russische Frauen äußerst bemerkenswert und notiert, die Trunksucht sei so verbreitet, daß »die Weiber es nicht als Schande ansehen, sich vollzusaufen und neben den Männern niederzufallen«.

Weit bedeutender als die Beschreibungen aus Rußland sind jene, die Olearius in Persien gemacht hat. Auch dort landete man sturmgeplagt und schiffbrüchig an. Ein düsteres Omen für den weiteren Verlauf der Expedition. Doch jene Reise vor 360 Jahren kann nicht mit unseren Augen gesehen werden. Lange Wartezeiten, zahlreiche Scharmützel mit Räuberbanden, strapaziöse Etappen auf Kamelen oder Pferden – ein wirklich gefahrvoller Aufbruch in neue Welten. Goethe nennt Olearius einen Deutschen »in seiner Kraft und Würde«, dem wir »für das Gute, das wir ihm schuldig sind, gründlichen Dank abzutragen wünschen«. Anspielend auf den Gesandten Brüggemann, schreibt Goethe in seinem *West-östlichen Diwan*: »Leider war er auf seiner Reise nach dem persischen Hof an einen Mann gebunden, der mehr als Abenteurer denn als Gesandter erscheint; in beidem Sinne aber sich eigenwillig, ungeschickt, ja unsinnig benimmt. Der Geradsinn des trefflichen Olearius läßt sich dadurch nicht irre machen.« Olearius beschreibt die Peinlichkeiten Brüggemanns mit Distanz. Aber als der Gesandte einen Perser wegen einer

Lappalie erschlagen ließ, macht Olearius nur den besonderen Schutz Gottes für das Überleben der Expedition verantwortlich: »Nun hätte es den Soldaten nicht daran gefehlt, sich an uns zu rächen und uns allen die Hälse zu brechen.« Es ist nicht der einzige Todesfall, den er schildert: »Am dritten Oktober wurde ein deutscher Uhrmacher, den wir schon in Isfahan vorgefunden hatten, von den Persern eingesperrt und niedergesäbelt.« Der Mann mit Namen Stadler hatte einen Dieb ertappt und erschossen. Da er ein Schwager Brüggemanns war, mag dies Teil der diplomatischen Komplikationen gewesen sein. Eigentlich wollte der Schah dem schon seit Jahren in seinen Diensten stehenden Uhrmacher Gnade gewähren, »sofern er sich dem König zum Gefallen« beschnei-

Panorama von Isfahan aus der Reisebeschreibung von Olearius 1656

den ließe. Doch Stadler wollte sich »die Gnade Christi nicht verscherzen« und ließ sich lieber hinrichten. Für die Gesandtschaft aus Holstein ein Märtyrer, der Paul Fleming zu einem Gedicht bewog:

> *Die Seele flog davon,*
> *ihr kam kein Säbel zu.*
> *Nun siehst du um dich her*
> *die Serafinen schweben,*
> *schaust auf dies große Nichts,*
> *um welches wir so streben,*
> *lachst deine Mörder aus*
> *und jauchzest in der Ruh!*

Die übrigen Eindrücke der Holsteiner in Persien waren voller Bewunderung für die Liberalität und Vielfältigkeit rund um das persische Herrscherhaus. Es scheint fast so, daß Formen der Tyrannei sie wenig überraschten. Schließlich kamen sie aus einem Land, das sich mitten im Dreißigjährigen Krieg befand, und zudem unterstanden sie einem Gesandten, dessen despotisches Potential beachtlich war.

Gerade Isfahan wird von Olearius als eine Art multikulturelle Stadt beschrieben. Unter Schah Abbas I. erlebte Isfahan seine städtebauliche Blüte, und die Delegation aus Holstein besuchte seinen Nachfolger Schah Sefi. Isfahan beherbergte damals (wie auch heute noch) eine beachtliche jüdische und armenische Gemeinde. Viele Handwerker und Künstler waren aus allen Teilen der Welt angeworben worden, und bei den öffentlichen Audienzen verkehrten Engländer, Italiener, Portugiesen und Franzosen. Spanische Augustiner, russische Popen und Kaufleute aus aller Welt ließen die Holsteiner eine erstaunliche Erfahrung machen: »Obgleich sich die verschiedenen Nationen in der christlichen Welt wegen ihrer Religion nicht gerne leiden mögen, halten sie doch hier unter

Morgenlandfahrt

Das Zentrum von Isfahan

den Unchristen wegen des christlichen Bekenntnisses zusammen und pflegen ziemlich gute Freundschaft miteinander!«

Olearius schaut überall hin. In einer Koranschule erklärt er sein selbstgebautes Astrolabium und beschreibt anerkennend den hohen und in allen Ständen verbreiteten Bildungsstand. Dafür bringt ihm der »Molla (= Mullah) der Schule, ein junger, lustiger und frommer Mann«, die persische Sprache näher, während ein Großteil der Holsteiner aufgrund des unmäßigen Weingenusses »bettlägerig« war. Er beschreibt die Feiern zum Todestag von Ali, die Kultur der Derwische, Zeremonien bei Hof und Jagdgesellschaften des Schahs. Heute noch ist die *Persianische Reise* ein wunderbar zu lesendes Buch, zuweilen auch voll (unfreiwilligem) Humor; so notiert Olearius über den Schulunterricht: »Wenn die Jungen Unfug getrieben haben, werden sie nicht wie die unsrigen mit Ruten auf den Hintern, sondern mit Stecken geschlagen!«

Trotz des politischen und ökonomischen Fiaskos der Gesandtschaft brachten die Beschreibungen von Olearius und seine, so Goethe, »tüchtige und erfreuliche Übersetzung des

Rosengarten von Sheik Saadi einen ungewohnten Hauch von Weltoffenheit zurück nach Holstein«. – »Man kann uns hinfort auch die deutschen Persianer nennen«, rühmte sich Paul Fleming.

Olearius wurde in Gottorf Hofmathematiker und war noch in vielfältige, interessante Projekte eingebunden. Sein Reisebericht erzählt von Erlebtem, und er nimmt die Dinge, wie sie sind. Heutige Reisen dagegen gleichen zumeist einem problemlosen Transfer in das vorgefertigte, kulturelle Bild einer anderen Welt. Erlebt der Reisende dann nicht, was er »gebucht« hat, beschwert er sich. Doch bei meiner ersten Reise in den heutigen Iran war dies glücklicherweise ganz anders.

Von Teheran nach Shiraz

Im Februar 1994 reiste ich das erste Mal in den Iran, und in mir herrschte eine gewisse Unruhe. Zu unterschiedlich waren die Informationen, die man nach der islamischen Revolution, nach achtjährigem Krieg gegen den Irak aus dem Land bekommen konnte. Im Flugzeug saßen hauptsächlich Geschäftsleute, und der eine oder andere genehmigte sich kurz vor der Landung noch einen ordentlichen Drink, wohlwissend, daß es der letzte bis zur Rückreise sein würde. Eine Lautsprecherdurchsage erinnerte die Frauen im Flugzeug daran, daß der Iran eine islamische Republik sei, in der Frauen ein Kopftuch zu tragen hätten. Innerhalb von Minuten veränderte sich die Stimmung. Alle Frauen legten Kopftücher an und zogen meist schmucklose lange Mäntel aus ihrem Handgepäck – ein Anblick, an den auch ich mich erst noch gewöhnen mußte. Am Flughafen erwarteten mich schon Magid, mein offizieller Begleiter, und ein Fahrer namens Ali. In den nächsten 30 Tagen würden wir gemeinsam fast 15 000 Kilometer durch das Land reisen.

Morgenlandfahrt

Die ersten Eindrücke in der Zwölf-Millionen-Metropole Teheran waren gewöhnungsbedürftig. Die Welt ist sich, zumindest was Markennamen, Reklame in den Straßen und Hotelleben betrifft, sehr ähnlich geworden. Der Iran setzt sich da zweifellos ab. Außerdem war der Fastenmonat Ramadan angebrochen; viele Geschäfte und die meisten Restaurants blieben geschlossen. Fasten ist zweifellos die schwerste und strengste Glaubenspflicht des Islam. Im Ramadan, dem neunten Monat des islamischen Mondjahres von 354 Tagen, darf vom Morgengrauen bis zum Sonnenuntergang nicht gegessen, getrunken, geraucht werden. Auch Parfüms oder Geschlechtsverkehr sind untersagt. Durch das Mondjahr verschiebt sich der Ramadan jedes Jahr, durchwandert also die Jahreszeiten. Fällt er in den Sommer, trifft den Gläubigen das Gebot am härtesten. Doch meine Begleiter erklären mir gleich, für Reisende, Schwangere, Kinder und Greise gelte der Einschränkungskatalog nicht. Wir müßten nur damit rechnen, daß es unterwegs schwer werden würde, am Tag überhaupt ein offenes Restaurant zu finden. Sie als Muslime müßten die Fastenzeit nach der Reise nach-

Ruinen der Assassinen-Burg Semiran in der Trockenzone des Elburs-Gebirges

holen oder durch eine entsprechende Sühne, wie Speisung der Armen, abgelten.

Schon der erste Tag brachte ein ausführliches Besichtigungsprogramm. Bereits vor der Reise hatte ich eine lange Liste der Orte, die ich besuchen wollte, nach Teheran geschickt. Die archäologische Fachliteratur in Deutschland stammt aus der Zeit vor der islamischen Revolution, und über den aktuellen Zustand kann man von hier aus wenig in Erfahrung bringen. Viele der Punkte waren auch meinem Führer bekannt, und so verging der Tag mit Detailplanungen unter Mithilfe der für Archäologie zuständigen Behörden. Orte wie die Assassinenburgen Semiran und Alamut sind in Teheran fast unbekannt. Auf meiner Liste aber standen sie, weil sie durch die Reiseliteratur Freya Starks eine gewisse Berühmtheit erlangt haben. Im Elburs-Gebirge lag Schnee, genauso wie in Kurdistan und Aserbeidschan, so daß der erste Teil der Reise durchaus abenteuerlich verlief.

Die Geschichte der Assassinenburgen ist interessanter als ihre archäologischen Überreste. »Im Tal der Mörder« wähnte sich Freya Stark, als sie die Gegend bereiste. Und tatsächlich waren die Assassinen eine mysteriöse Sekte, die Geheimverträge mit Kreuzfahrern und Tempelrittern schloß. Zudem wird ihnen nachgesagt, sie seien so etwas wie eine mittelalterliche Agentur für Auftragsmorde gewesen. Hassan Ben Sabbah, von Marco Polo fälschlicherweise »der alte Mann der Berge« genannt, lebte von 1040 bis 1124 und gilt als Gründer der Sekte. Glaubt man Freya Stark und anderen, so hatte Hassan besondere Methoden, um neue Sektenmitglieder in die Abhängigkeit zu ziehen. Er pflegte ihnen Haschisch zu geben und ließ sie dann in der Nähe von Alamut in zauberhaften Gärten und von schönen Dienerinnen umsorgt aufwachen. Mit solch paradiesischen Erfahrungen machte er seine

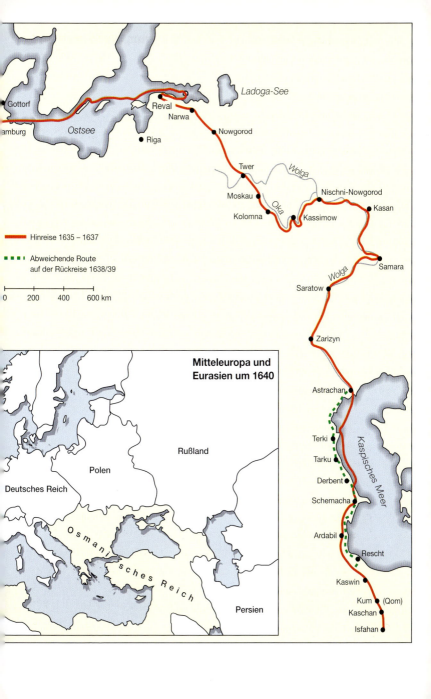

Morgenlandfahrt

Sektenmitglieder hörig und zu willfährigen Werkzeugen seiner Pläne. Andere sagen, die Assassinen seien für ihre hochentwickelten Bewässerungssysteme berühmt gewesen, und die geschickte Plazierung ihrer Burgen habe ihre Macht begründet. Sicher ist auf jeden Fall, daß der Mongole Hülegü Khan die Burgen 1256 n.Chr. zerstörte. Archäologisch sind die Überreste von Semiran und Alamut von geringer Bedeutung; ein Besuch im Winter ist nicht zu empfehlen.

Die meiste Zeit des Tages verbrachten wir im Auto. Viele Orte, die wir aufsuchten, entsprachen nicht den Erwartungen. Magid, mein freundlicher Begleiter und Dolmetscher, war zuweilen recht genervt über die optimistischen Ankündigungen in meinen Büchern. Da der Iran über 250 000 archäologische Fundstellen aufweist, kann es durchaus vorkommen, daß man antike Überreste zum Häuserbau verwendet, und dann entspricht der Platz natürlich nicht mehr Beschreibungen, die 30 oder 40 Jahre alt sind.

Die schwarze Kirche Kara-Kilse im iranischen Kurdistan

Morgenlandfahrt

Doch schon nach wenigen Reisetagen, selbst im ungastlichen Ramadan, fing ich an, das Land zu mögen. Nicht wegen seiner in Vergessenheit geratenen Kulturen, sondern wegen der Menschen, ihrer Zurückhaltung und Feinfühligkeit. Landschaftlich weist es viele Klima- und Vegetationsformen auf; bereist man es vom Kaspischen Meer zum Persischen Golf, so erlebt man abwechselnd mehrere Jahreszeiten.

Am wichtigsten für die Menschen sind der Clan und Familienverband, und den Sommer zu genießen heißt für viele, mit der Familie beim Picknick im Grünen zusammenzusein. Als ich im Sommer auf eine private Hochzeit eingeladen wurde, war dies ein farbenfrohes und unverschleiertes Erlebnis, natürlich ohne Alkohol, dafür mit viel Tanz und Lebensfreude. Wenn ich meine Notizen über die 70 Reise- und Drehtage im Iran durchlese, gab es viele Momente, in denen mich das im Westen verbreitete Iranbild ärgerte. Dagegen macht man persönliche Erfahrungen, die manche Erlebnisse bei uns in ein anderes Licht rücken. Als wir nach der winterlichen Tour durchs Elburs-Gebirge Anzali am Kaspischen Meer erreichten, schaute ich mir abends im Hotel als einziger Ausländer die Fernsehnachrichten an. Inmitten der persischen Gäste hörte ich als erstes die Meldung, daß eine moslemische Familie in Deutschland Opfer eines Brandanschlags geworden sei. Das Gefühl in einer solchen Situation, als einziger Deutscher unter Iranern, unterscheidet sich gewaltig von der Reaktion, mit der man im eigenen Land eine solche Nachricht aufnimmt und sich letztendlich damit abfindet. Tatsächlich haben mich viele Menschen, die früher sogar bei uns lebten, gefragt, ob es für Ausländer überhaupt noch möglich sei, in Deutschland sicher zu reisen! Verkehrte Welt: Während viele bei uns glauben, es sei gefährlich, im Iran zu reisen, haben die Nachrichten aus Deutschland von den Brandanschlägen auf islamische Familien besonders in Asien das einst so positive Bild der Bundesrepublik stark beschädigt.

Im Iran selbst spürt man überall noch die Folgen des achtjährigen Krieges gegen den Irak, der mit Bomben, Skud-Raketen und Giftgas geführt wurde. Über eine Million Soldaten haben im Iran ihr Leben gelassen, in jedem Dorf hängen die Bilder der Toten an der Straße. Wirtschaftlich hat das Land die Folgen des Krieges genausowenig überwunden wie die Embargopolitik mancher westlicher Länder.

Der Iran ist ein großes Land. Seine Fläche beträgt 1 650 000 Quadratkilometer und ist damit fünfmal größer als Frankreich. Geographisch bildet das Land einen Trockengürtel, der im Verlauf des euroasiatischen Gebirgszugs liegt. Die iranischen Gebirge Albaz und Zagroz verbinden Alpen, Balkan und Taurus mit dem Hindukusch. Über die Hälfte der Iraner sind *Farsi* sprechende Perser. Die westlichen Völker Irans werden nach ihren Sprachen in türkische, arabische oder iranische Minderheiten unterteilt. Ein Viertel der Bevölkerung sind Aserbeidschaner, ein Turkvolk, das *Aseri* spricht, eine Sprache, die dem in der Türkei gesprochenen Türkisch sehr nahe ist. Dazu kommen Belutschen, Turkmenen, Araber, Luren, Quasquai-Nomaden und über eine Million afghanische Flüchtlinge. Acht Prozent der 60 Millionen Iraner sind Kurden.

Ins Kurdengebiet im äußersten Westen des Landes führten mich auch meine beiden Reisen 1994. Dort gibt es einen ganz besonderen Platz. In Sichtweite des Berges Ararat, also unweit der türkischen Grenze, liegt die schwarze Kirche »Kara-Kilse«. Das armenische Gotteshaus gehört zu den ältesten christlichen Kirchen überhaupt. Der heilige Thaddäus, Sohn des Apostels Jakobus, soll die Kirche im Jahr 68 nach Christus an der Stelle eines alten heidnischen Tempels erbaut haben. Nach der Überlieferung war Thaddäus von Christus selbst gesandt und trat nach dessen Kreuzigung seine Missionsreise ins Gebiet um den Berg Ararat an.

Zum Fest des heiligen Thaddäus kommen Tausende Armenier aus der ganzen Welt nach Kurdistan. Sie lagern für einige Tage rund um die Kirche, lesen Messen, begehen Prozessionen und feiern ein großes Volksfest nach den Ritualen der undogmatischen armenischen Kirche. Der Pilgerort ist ein Zentrum für die in viele Länder zerstreuten Armenier.

Als ich während des Ramadan die Kirche zum erstenmal besichtige, liegt noch Schnee, aber die Sonne strahlt schon kräftig, und die Stimmung ist heiter. Im kurdischen Dorf nahe der Kirche bekommen wir Tee und wärmen uns auf. Die Männer des Dorfes kümmern sich das Jahr über um die Kirche und versorgen die Pilger bei dem großen Fest im Juli. Ein Beispiel für das tolerante Miteinander der Religionen – warum geht das nicht überall! Über ihre politische Situation wollen die Kurden allerdings nicht reden; wir könnten es ja weitererzählen. Die Lage ihrer Landsleute in der Türkei und

Perserin am Grab des Dichters Hafiz in Shiraz

im Irak ist härter. Allerdings gab es auch im Iran bewaffnete Zusammenstöße und Partisanenkämpfe. Seit dem Golfkrieg scheint die Regierung in Teheran die Situation im Griff zu haben. Nach dem Giftgasmassaker der irakischen Armee in Halabja nahm der Iran sogar Hunderttausende irakischer Kurden auf.

Besonders während des Ramadan können die Abende und Nächte lang werden. Nach Sonnenuntergang lehnen die Fahrer die Weiterfahrt ab, und in den Hotels oder Pensionen ist nach unseren Begriffen »nichts los«. Nach dem Abendessen bleibt nur ein Bummel über den Bazar oder ein Tee auf dem Zimmer. Dann kommt die lange Nacht, die, wenn man nicht schlafen kann, man am besten zum Lesen nutzt. In dieser Zeit begann meine Liebe zu den Gedichten des persischen Poeten Hafiz, dem Goethe im *West-östlichen Diwan* ein Denkmal gesetzt hat. Immer häufiger legte ich in den kalten Nächten die Sachbücher aus der Hand und erwärmte mich geradezu an der Poesie von Hafiz und der literarischen Begegnung Goethes mit dem Perser. Der Orient war für Goethe schon in seinen Kindertagen eine geistige Zuflucht. Er hat sie sich immer bewahrt für Zeiten, in denen die Gegenwart drückend und unerträglich werden sollte. Als kriegerische Auseinandersetzungen ihn besonders betrübten, wandte er sich in der Stille des Thüringer Badeortes Berka dem Dichter Hafiz zu. Wie H.J. Weitz in seinen Anmerkungen zum *Diwan* schreibt, war auf Goethes dichterischem Weg die schmale Paßhöhe erreicht, »die für das Auge noch einmal Jugend und Alter verbindet, ehe sie sich auf immer trennt«.

»In Hafiz, dem Greis, der unter ständigen Kriegen und Wirren, vom Weltbeherrscher Timur in der Einsamkeit besucht, unerschütterlich heiter, so ›wie der Vogel singt‹, die ewigen Dinge rühmt, dem von den Frömmlern angefochtenen Frommen, der in scheinbarer Sinnlichkeit höhere Weisheit verbirgt, grüßte Goethe über die Ferne von Raum und

Zeit einen Bruder: ›Lust und Pein/Sei uns, den Zwillingen gemein/Wie du zu lieben und zu trinken/Das soll mein Stolz, mein Leben sein!‹« (Weitz, Anmerkungen zum *West-östlichen Diwan*.)

Chaje Shams-ed-din Mohammad erhielt den Beinamen Hafiz, was soviel bedeutet wie »der den Koran auswendig weiß«. Er lebte in Shiraz von 1325 bis 1390, wuchs in bescheidenen Verhältnissen auf und gilt als Autodidakt mit starkem Willen zur Selbsterziehung. Hafiz wurde Lehrer an einer Koranschule und genoß als Dichter den Ruf der Anrüchigkeit. In Zeiten der Despotie lebend, geißelte er die Willkür der Mächtigen. Aus jedem seiner Verse strömt geistige Klarheit, Freiheitswille und Begeisterung für das Leben. Er greift mit »weiser Schelmerei« korrupte Polizei, Geistlichkeit, Frömmler und Ordenssufis an. Er trinkt und befreit sich vom strengen Gebot der islamischen Gesetze. Seine Gedichte zielen gegen Lüge, Heuchelei, Formalismus und Dummheit. Er selbst scheint sich um seinen Ruf und seine Unsterblichkeit

Moscheen und Minarette in der heiligen Stadt Qom

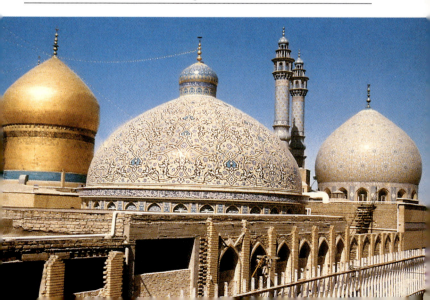

als Dichter wenig geschert zu haben. Seine Gedichte wurden von seinen Schülern erst nach seinem Tod in einem Diwan gesammelt. Es ist noch heute in Persien Brauch, den Diwan des Hafiz wie ein Orakel zu befragen. Ein Speicher der Weisheit und Weissagung!

Als ich auf der Reise nach Shiraz kam und die Mausoleen von Hafiz und Saadi besuchte, spürte ich, wie lebendig die Liebe zur Poesie bei den Persern geblieben ist. Die Gräber sind Pilgerorte für Liebeskranke und gequälte Seelen. Das feinfühlige Volk der Perser hat mit Hilfe von Literatur und Kunst viele Jahrhunderte der Fremdherrschaft und Despotie überstanden. Man verhüllte sein Seelenleben mit vieldeutigen Reimen und raffinierten Versformen:

> *Mit Wein schrieb meinen Namen*
> *Ich ins Wasser, um den Namen*
> *Der Selbstsucht auszulöschen!*
> *Ich hoffe auf den Beistand Deiner Locken, –*
> *Was nützt mir mein Trachten*
> *Wenn ihr Magnet nicht wäre!*
> *Laß uns von diesem Beisammensein*
> *Die Zügel nun zum Weinhaus lenken,*
> *Denn es ist unerläßlich,*
> *Die Predigten der Frömmler zu verschmähen.*
> *Lerne die Liebe aus den Zügen*
> *Der Liebsten, denn berauschend ist es,*
> *Diesen Linien nachzugehen!*
> *Hafiz, küß nur die Lippen der Geliebten*
> *Und nur das Rund des Bechers,*
> *Denn ein Makel ist's,*
> *Der Frömmler Hand zu küssen!*

Heute, da selbst aus den berühmten Reben der Shiraz-Lagen nur Rosinen werden dürfen, klingen die Verse von Hafiz geradezu aufrührerisch. Ich fühlte mich während der 70 Tage von den Gedichten Hafiz' und Goethes getragen – ich schwebte geradezu auf dem *west-östlichen Diwan*, der so zeitlos, leicht und voll Lebensgenuß ist. Dies gerade in einer Zeit völlig reduzierter Genüsse zu erleben, war eine unerwartete Stimulanz, und die Liebe in seinem Herzen spürt man auf einsamen Reisen besonders tief:

Das Unheil, das die Liebe stiftet,
War auf der Erde unbekannt,
Bis durch den Zauber deines Blickes
Der Aufruhr in der Welt entstand.
Ich, der Verwirrte, war noch immer
Entgangen jeglicher Gefahr,
Da ward zum Netz mir auf dem Weg
Dein irdenfarbnes Lockenhaar.
O löse deines Kleides Bande,
Dann löst in Lust sich auch mein Herz,
Denn nur von deiner Seele wurde
Mir Lösung stets von jedem Schmerz.
Bei deiner Treue sei beschworen:
Geh an das Grabmal des Hafiz,
Der deine Züge wünscht zu schauen,
Auch wenn er schon die Welt verließ.

Leben mit dem Koran

Zu den eindrucksvollsten Stationen einer Iranreise zählt zweifellos Qom. Mit großer Spannung betritt man als Nichtmuslim die – nach Mashad – zweite heilige Stadt des Landes. Wie wird man als Westler in einer Stadt behandelt, die als Kaderschmiede der Mullahs und Ausgangspunkt der islamischen Revolution gilt? Um es vorwegzunehmen: ganz normal, und das gilt für Qom genauso wie für den ganzen Iran. Natürlich muß man die Regeln einer anderen Kultur beachten, aber das sollte eigentlich selbstverständlich sein.

Morgenlandfahrt

Als wir in Qom drehen, werden wir von vielen Mullahs angesprochen. Nachdem sie aber unsere Genehmigungspapiere gesehen haben, ist alles in Ordnung. Wir dürfen sogar einen Ajatollah sprechen und interviewen. Die Behauptung, man sei in Qom Ungläubigen gegenüber besonders ablehnend, kann ich nicht bestätigen. Qom hat die bekanntesten Koranschulen und vereint die Elite religiöser Würdenträger. In der *Fetiye*, der Schule der Mullahs, studieren auch zahlreiche ausländische Studenten die Lehre des Islam.

Qom liegt in einer heißen und trockenen Senke. Über das Alter der Stadt ist nichts bekannt. 816 n.Chr. erkrankte in der Nähe von Qom Fatima al Masume, die Schwester Imam Rezas. Sie starb in Qom, und die über ihrem Grab errichtete wunderbare Moschee ist, nach Mashad, das bedeutendste Pilgerziel der schiitischen Muslime im Iran. *Imam, Schiit* – gehört hat man diese Begriffe schon oft, aber wer weiß, was sie bedeuten? Es ist an der Zeit, sich ein wenig mit dem Islam zu beschäftigen, der jüngsten Weltreligion.

Der Islam (= »Hingabe an Gott«) beruft sich auf den Propheten Muhammad (Mohammed). Er lebte von 570 – 632 n.Chr. und stammte aus dem ärmeren Teil der Handelsstadt Mekka. Seine Eltern starben früh, und so zog ihn sein Onkel Abu Talib auf. Er heiratete die bedeutend ältere Kaufmannswitwe Khadiga, die ihm viele Kinder gebar; es überlebten nur die Töchter. Im Alter von 40 Jahren hatte Muhammad nach Meditationen in einer Höhle am Berg Hira Visionen. Der Erzengel Gabriel offenbarte ihm den Willen Allahs. Die Offenbarung ging einher mit einer seelischen Krise; ausdrücklich wird darauf hingewiesen, daß Khadiga ihrem Mann beistand und er sich zu der Überzeugung durchrang, ihm werde ein göttlicher Auftrag zuteil. Die ersten Verkündigungen betrafen das nahende Endgericht. Erdbeben, Feuer und Finsternis würden den gottvergessenen Menschen aufschrecken, eine Naturkatastrophe werde das Gericht einleiten:

Morgenlandfahrt

Wenn die Sonne sich verschleiert
Und die Sterne verblassen,
Wenn die Berge schwanken,
Kamelstuten sich verlassen,
Wenn die wilden Tiere sich rotten,
Wenn das Meer aufgejagt,
Wenn die Seelen sich paaren,
Wenn man die getöteten Töchter fragt,
Um welcher Schuld sie ermordet,
Wenn Rechnung ist vorgebracht,
Wenn der Himmel enthüllt ist,
Das höllische Feuer entfacht,
Wenn nahe der Paradiesgarten, dann erkennt
Die Seele, was sie gemacht.

Sure 81

Muhammad sah sich als letzter in der Reihe der Propheten von Abraham über Jesus. Der Islam beansprucht deshalb für sich, das Juden- und Christentum erst zur Vollkommenheit geführt zu haben. Für Muslime gelten strenge Speisevorschriften; Fleisch darf nur gegessen werden, wenn die Tiere rituell geschächtet und völlig ausgeblutet sind. Als unrein gelten Schwein, Kaninchen, Hund, schuppenlose Fische und Blut. Der Genuß von Alkohol ist untersagt.

Zu den fünf Säulen des Islam gehört das Glaubensbekenntnis: »Es gibt keinen Gott außer Allah, und Muhammad ist sein Prophet.« Zweitens das Gebet, das drei- bis fünfmal täglich in Richtung Mekka ausgeführt werden soll. Dem Ruf des Muezzin, der mittlerweile über Kassette und Lautsprecher ertönt, kommen allerdings auch im Iran durchaus nicht alle Muslime nach! Dennoch gibt es überall Gebetsräume. Neben dem Fasten zählt das Almosengeben für Bedürftige und zur Förderung des Glaubens zu den muslimischen Grundpflichten. Als fünfte Säule gilt die Pilgerfahrt nach Mekka, die jeder Muslim einmal im Leben unternehmen sollte.

Außer Qom sind das Grab des Imam Reza in Mashad und die Stadt Damaskus wichtige Pilgerorte. Die heiligen Stätten Kerbala, Najaf und Samarra sind für iranische Muslime derzeit nicht zugänglich, da sie im Irak liegen.

Der Koran enthält einige Berichte, die andeutungsweise vom Leben Jesu erzählen. Die jungfräuliche Geburt des Heilands der Christen wird im Koran bestätigt. Er ist das Wort, das Gott in Maria legte. Keineswegs gilt er deswegen als Gottes Sohn. Die Muslime sehen in ihm ein Beispiel für ein bescheidenes Leben in Armut. Göttliche Ehren zu beanspruchen habe dem letzten großen Propheten vor Muhammad ferngelegen. Auch die Kreuzigung wird bestritten. In Sure 4, 157f., heißt es: »Und wenn sie sprechen: Wir haben den Messias Jesus, den Sohn der Maria, den Gesandten Allahs, getötet – nicht haben sie ihn getötet und nicht gekreuzigt, sondern es erschien ihnen nur so. Vielmehr erhöhte ihn Allah zu sich, und Allah ist mächtig und weise.«

Annemarie Schimmel sagt, daß kein Muslim die zentrale Bedeutung des Kreuzes für die Christenheit verstehe. Da der Islam die Erbsünde nicht kennt, gibt es keine Notwendigkeit für die Erlösungstat des Heilands. Ein anderer sei für Christus ans Kreuz genagelt worden; er selbst sei nach Kaschmir gezogen und nahe Srinagar gestorben und begraben.

Muhammad starb 632, ohne eine Regelung über die Nachfolge zu hinterlassen. Auch seine Aussprüche und die Offenbarungen Allahs waren nicht schriftlich aufgezeichnet worden. Nach arabischen Gepflogenheiten wurde Muhammads Onkel Abu Bakr zum Kalifen, zum Stellvertreter. Unter ihm begann die beispiellose Ausbreitung der Araber und des Islam. Muhammads Neffe und Schwiegersohn Ali hatte sich gegen die Wahl seines Onkels gestellt. Nach Meinung seiner Anhänger hat der Prophet seinen Schwiegersohn kurz vor dem Tod noch in die inneren Geheimnisse des Glaubens eingeweiht. Ali trat als Bewahrer der islamischen Tradition gegen-

Morgenlandfahrt

über der Stammesaristokratie auf. Doch diese überging ihn. Nachfolger im Kalifat wurden Umar und später Uthman, der den Koran mit 114 Suren aufzeichnen ließ. Nach Uthmans Ermordung gelangte Ali ans Kalifat. Und damit begann jene dramatische Spaltung in Sunniten und Schiiten, unter der der Islam heute noch leidet.

Iran-Reisen

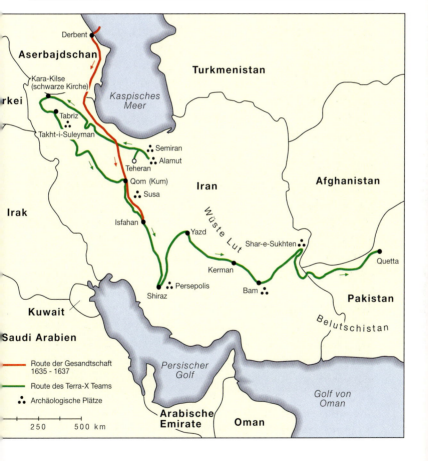

Morgenlandfahrt

Eine weihevolle Gebetshalle: die von Schah Abbas dem Großen (1587–1629) erbaute Königsmoschee in Isfahan

Im Iran herrscht die Zwölferschia vor: Ali gilt als erster rechtmäßiger Kalif, oder besser *Imam*, das arabische Wort für Gemeindeoberhaupt. Ihm allein kommt der Titel »Befehlshaber der Gläubigen« zu. Ali gilt als meisterlicher Beherrscher der arabischen Sprache. Seine Reden und Briefe werden als Muster arabischer Prosa geschätzt. Nach schiitischer Auffassung folgten Ali und seinen Söhnen Hassan und Hossein neun weitere *Imame*, von denen der zwölfte und letzte 873 n. Chr. in Samarra entschwunden sei. Aber er lebt verborgen, und niemand kennt den Zeitpunkt seiner Wiederkehr. Für die Schiiten ist der abwesende zwölfte *Imam* das einzig legitime Oberhaupt aller Muslime. Nach der Verfassung ist er das eigentliche Oberhaupt der Republik Iran, und selbst die durch die Revolution etablierte Staatsordnung gilt theoretisch als Provisorium. Die Vorstellung von der Wiederkehr des zwölften *Imam* – des *Mahdi* – berührt die Utopie vom Goldenen Zeitalter: Ein gottgesandter Herrscher werde dereinst kommen und den Spaltungen und Streitereien der islamischen Welt ein Ende machen.

Die Rolle der Frau im Islam wird bei uns oft mißverstanden. Man macht es sich zu leicht, wenn man Geschlechtertrennung und Kleidervorschriften mit den religiösen Bestimmungen gleichsetzt. Viele Frauenrechte, wie Gütertrennung, Scheidungsrecht und Unterhaltspflicht des Mannes, sind schon im Koran festgelegt. Im Westen wurden diese Freiheiten teilweise erst in diesem Jahrhundert erkämpft. Frauen im Iran genießen das Recht auf Eigentum und volle Geschäfts- und Handlungsfähigkeit. Die Trennung von Mann und Frau in der Öffentlichkeit hatte im Orient schon in vorislamischer Zeit Tradition. Ethisch und religiös sind Frauen und Männer gleichgestellt. In Ehe und Familie ist die Frau die Partnerin des Mannes; im Christentum dagegen gilt sie als Auslöserin des Sündenfalls und als aus der Rippe des Mannes geschaffen. Der Koran verlangt weder Verschleierung noch Absonderung der

Morgenlandfahrt

Frauen. Bei den alten Sumerern und Persern war der Schleier ein Statussymbol und Zeichen von Privilegiertheit.

Auch die vermeintliche Polygamie des Mannes hat ganz andere Hintergründe, als man hierzulande häufig annimmt. Zwar erlaubt das Gesetz die legitime Ehe mit bis zu vier Frauen, doch nur, wenn der Mann diese in jeder Weise gleichbehandelt. Außerdem ist gerade für den Mittelstand die Frage des standesgemäßen Unterhalts ein unlösbares Problem. In Wahrheit geht die Möglichkeit der Vielehe auf kriegerische Zeiten zurück und sollte jenen Frauen Schutz bringen, deren männliche Verwandten gefallen waren. Im schiitischen Recht gibt es auch eine Ehe auf Zeit.

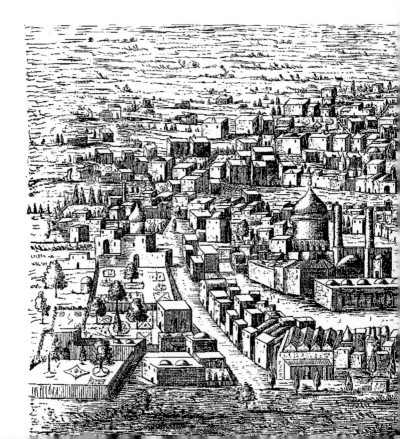

Morgenlandfahrt

Die direkten Erfahrungen mit der Frauenwelt unter dem Schleier waren weniger dramatisch. Durch die Kleidervorschriften entfällt das direkte »Abchecken nach Äußerlichkeiten«, wie wir das im Westen kennen. Dennoch haben Frauen ihre Möglichkeiten, wenn sie auf sich aufmerksam machen wollen. Die Frauen, mit denen wir es bei den Dreharbeiten zu tun hatten (eine Dolmetscherin und eine Produzentin), machten alles andere als einen unterdrückten und scheuen

---

Qom, wie es Olearius vor 360 Jahren sah. Kupferstich aus seiner Reisebeschreibung von 1656

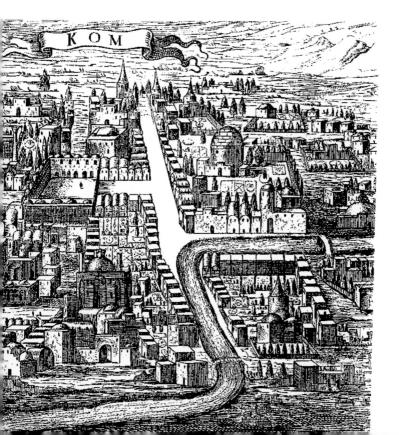

Morgenlandfahrt

Eindruck. Wir durften ihnen nur nicht in der Öffentlichkeit die Hand schütteln.

Auf der anderen Seite sieht man Frauen zu allen Tages- oder Nachtzeiten auch allein auf den Straßen, die weitaus sicherer sind als im Westen. Außerdem funktioniert die orientalische Familie nach dem Prinzip des Clans, und dort haben oft die Frauen das Sagen, auch wenn dies nach außen hin nicht so aussieht. Die Geschichte des Islam kennt eine Vielzahl bedeutender und verehrter Frauengestalten, so A'isa, die Lieblingsfrau Muhammads, oder die Mystikerin Rubi'a. Ich möchte damit nicht die Frauenpolitik vieler Mullahs verteidigen, nur jedem raten, sich selbst ein Bild zu machen und mit den wirklich Betroffenen zu reden. Und mögen sich auch manche Orientalen draußen wild gebärden, wie es Annemarie Schimmel in einer Radiosendung einmal so treffend beschrieben hat, zu Hause bei Frau oder Mutter seien sie häufig milde wie »Lämmlein«.

Wenn man in Qom ist, kommt man nicht umhin, über die Person und Verehrung des Ajatollah Khomeni zu sprechen. Für eine wirkliche Würdigung ist es mit Sicherheit zu früh. Professor Heinz Hahn schreibt in seinem Buch *Der schiitische Islam* über die islamische Revolution: »Revolutionen haben keine religiösen Ursachen; sie entstehen aus wirtschaftlichen, sozialen und politischen Krisen. In ihrer Analyse bedarf es des methodischen Handwerkszeugs des Soziologen, Politologen und – mit wachsender zeitlicher Distanz – des Historikers. Dies gilt für die iranische Revolution nicht weniger als für alle anderen Revolutionen der letzten 200 Jahre. Daß die iranische Revolution sich mit einer religiös geführten Ideologie legitimierte, hat viele westliche Beobachter überrascht, da dies ihnen ganz einfach ungewohnt war, und hat zu dem weitverbreiteten Fehlurteil geführt, es handele sich um einen Versuch einer Rückkehr ins Mittelalter.«

Khomeni-Bilder finden sich überall im Iran. Spricht man

aber mit Intellektuellen und Frauen, so hört man ganz andere Dinge als im Westen. Er sei selten schwarz gekleidet gewesen, sondern häufig weiß. Er habe Parfüms geliebt und gefühlvolle Gedichtbände hinterlassen. Schuld an manchen Auswüchsen der Revolution, so erklären viele Iraner, seien die hundertfünfzigprozentigen Opportunisten, die sich im Zuge eines Machtwechsels um die neuen Tröge scharten. Diejenigen, die damals die längsten Bärte hatten, sind heute die ersten, die sie wieder abschneiden.

Khomeni wurde 1902 in der Nähe von Qom geboren – ein Nachfahre des siebten *Imams* Musâ al-Kâzim. Als Autor mit antikolonialistischer Tendenz trat er 1943 das erste Mal hervor. Sein Buch *Enthüllung der Geheimnisse* geißelte den Ausverkauf iranischer Interessen an ausländische Mächte. Seine oppositionelle Rolle steigerte sich während der Landreform von Schah Rezâ Pahlavîs, als dieser amerikanischen Militärberatern im Land Diplomatenstatus geben wollte. 1963 kam es in Qom zu einem blutig niedergeschlagenen Aufstand, und Khomeni wurde des Landes verwiesen. Am Schrein von an-Nadschaf im Irak entstand seine zweite

Takht-i-Suleyman, Naturwunder und uralte Kultstätte

Morgenlandfahrt

Kampfschrift: *Die islamische Regierung*. Sein Ton wurde schärfer, und seine Anhänger waren eher junge Intellektuelle als sogenannte Fundamentalisten: »Gestützt auf ihre Handlanger, haben die Feinde all jene Nichtigkeiten in die Herzen der Menschen gepflanzt, haben die rechtlichen und politischen Normen des Islam außer Kraft gesetzt. Dies sind die zerstörerischen Spuren des Kolonialismus«, schrieb Khomeni. Heinz Hahn notiert: »Khomenis antikolonialistischer Furor ist – wie der der meisten Geistlichen seiner Generation – vor allem antibritisch, ist geprägt von der Erfahrung der britischen Politik im Iran und im Irak vor dem Zweiten Weltkrieg, aber er ließ sich nach dem Krieg mühelos auf die Amerikaner übertragen, die nun am Golf als Wächter westlicher Interessen auftraten.«

Das gilt auch für das Todesurteil, das 1989 gegen den Schriftsteller Salman Rushdie und seinen Verleger ausgesprochen, aber glücklicherweise niemals vollstreckt und mittlerweile für Europa außer Kraft gesetzt wurde. Das Urteil gegen Rushdies *Satanische Verse* war ein Schlag gegen einen Muslim, der in England schreibt, Frivoles über die islamische Tradition verbreitet und sich – aus Khomenis Sicht – den einstigen Kolonialherren anbiedert. Da Rushdie von Haus aus Sunnit ist, kann er nach schiitischer Ansicht sowieso nicht den wahren Glauben haben und entgeht niemals Gottes Gericht. Professor Hahn bestätigt, sein »Verrat« sei politischer, nicht religiöser Art gewesen; ein endloser Streitfall, den ich hier nur kurz streifen kann.

Ein anderes Thema aus der Regierungszeit Khomenis zeigt die Flexibilität des schiitischen Rechts und ist, im Vergleich zur unfehlbaren Meinung des Papstes, geradezu erstaunlich: Aus demographischen Gründen wurde Khomeni bereits im Revolutionsjahr 1979 über die Zulässigkeit von Verhütungsmitteln befragt. Der Ajatollah äußerte, daß »die Benutzung von Verhütungsmitteln religiös zulässig sei unter

Morgenlandfahrt

der Voraussetzung, daß sie für Frauen nicht gesundheitsschädlich sind und daß die Anwendung mit Zustimmung des Ehemannes erfolge«. Er wies darauf hin, im Koran gebe es keinerlei Vorschriften gegen Familienplanung, und wenn iranische Paare kleinere Familien haben wollten, stehe ihnen das frei. Das Bevölkerungswachstum im Iran beträgt heute 3,2 Prozent mit sinkender Tendenz. Viele christlich missionierte Entwicklungsländer wären für eine ähnliche Quote dankbar.

Es zeigt sich, daß die praktischen Erfahrungen islamischer Geistlicher im Familienleben zumindest in dieser Frage realistische Einschätzungen begünstigen. Die Tochter Khomenis ist übrigens eine erfolgreiche Feministin im Iran, und wie so vieles, was ich in den 70 Tagen in diesem Land erfuhr, paßt auch diese Information nicht in das immer noch aufrechterhaltene Klischee. Auch der Westen muß die islamische Revolution als historische Tatsache akzeptieren. Damit kann man natürlich viele Ungerechtigkeiten und Verbrechen nicht entschuldigen. Angst und Feindbilder jedoch haben noch nie Positives bewirkt.

Erinnern wir uns an den Ausgangspunkt unserer Reise, die Expedition aus Schleswig-Holstein-Gottorf und den Bericht des Adam Olearius. Nie hat er sich zum Richter über andere gemacht, sondern voller Neugier beschrieben, was er sah, und mit seinen eigenen Erfahrungen verglichen. Ähnlich ging es mir bei der Begegnung mit der islamischen Gesellschaft im Iran. Anstatt westliche Vorurteile zu bestätigen, hat sie mich angeregt, über manche Probleme in Europa und Amerika nachzudenken.

Morgenlandfahrt

Zarathustra und das heilige Feuer

Der Grieche Herodot berichtet im 5. vorchristlichen Jahrhundert von den Persern, sie hätten keine Götterbilder gekannt und weder Tempel noch Altäre errichtet. Die Ursache liege darin, daß die Perser, anders als die Griechen, sich ihre Götter nicht in menschlicher Gestalt vorstellten. Nach Herodot stiegen die Perser zum Opfern auf den Gipfel eines Berges und verehrten das Himmelsgewölbe als ihren höchsten Gott. Außerdem opferten sie seit ältesten Zeiten der Sonne, dem Mond, der Erde, dem Feuer und den Winden.

Goethe sieht die Gottesverehrung der alten Perser auf die Betrachtung der Natur gegründet. Im *West-östlichen Diwan* schreibt er: »Sie wenden sich, den Schöpfer anbetend, gegen die aufgehende Sonne, als der auffallend herrlichsten Erscheinung. Dort glauben sie den Thron Gottes, von Engeln umfunkelt, zu erblicken. Aus der Hütte kommt der Arme, der Krieger aus dem Zelt hervor, und die religiöseste aller Funktionen war vollbracht. Dem ungeborenen Kinde erteilt man die Feuertaufe in solchen Strahlen, und den ganzen Tag über, das ganze Leben hindurch sah der Parse sich von dem Urgestirne bei allen Handlungen begleitet.«

Unsere erste Begegnung mit der alten Religion der Perser fand in den Bergen Aserbeidschans statt. Eine gute Tagesreise östlich der »schwarzen Kirche« liegt versteckt und schwer auffindbar eine außergewöhnliche Naturformation: zwei Kraterkegel, von denen der eine mit einem 90 Meter tiefen See gefüllt ist. Dieser See wird von einer warmen Quelle unter dem Krater gespeist und fließt über dessen Rand ab. Eine alte Kultstätte, das dachten auch die deutschen Archäologen Naumann und von der Osten, als sie 1959 in Takht-i-Suleyman zu graben anfingen. Die Ansicht des schwedischen Forschers Ringgren, der »Thron Salomos« mit seinem früher von Säulenreihen umringten Kratersee sei das Vorbild für die Gralsburg aus der mittelalterlichen Parzival-Sage gewesen, teilten sie nicht.

Viele Dynastien haben das Naturheiligtum genutzt; die ältesten Spuren stammen aus dem 7. vorchristlichen Jahrhundert. In diese Epoche verlegen viele Forscher die Lebenszeit des Religionsstifters Zarathustra, der nach alter Überlieferung in der Nähe des Takht-i-Suleyman geboren wurde. Zarathustra, auch Zardosh oder Zoroaster genannt, verbot Tieropfer und lehrte den Glauben an nur einen Gott: Ahura Mazda, den »Herrn der Weisheit«. Er lehrte und gebot, die vier Elemente Feuer, Erde, Wasser und Luft reinzuhalten und zu schützen. Besondere Verehrung genießt die reinigende Kraft des Feuers als Sitz der Wahrheit. In Takht-i-Suleyman wurden Überreste von Feuertempeln aus verschiedenen Epochen gefunden.

Während der Dreharbeiten setzten wir einen Tempel mit Fackellicht wieder in Betrieb. Zwei alte Männer, die Wächter am Kratersee, halfen uns dabei und erzählten, zuweilen kämen auch Parsen aus Indien hierher, um zu beten und ihre Feuer zu entzünden. Die größten Gemeinden der Zarastrier gibt es heute in Bombay, denn mit der Islamisierung des Iran gerieten die Anhänger Zarathustras zunehmend unter Druck und emigrierten aus religiösen Gründen an die Westküste Vorderindiens. Im heutigen Iran leben, so schätzt man, noch etwa 20 000 Zarastrier, hauptsächlich in der Gegend von Yazd, Kerman und in Teheran. Man erkennt sie an ihren unislamischen Vornamen und an farbigen Kleidern. In Isfahan erklärte mir ein Perser sogar: »Wir wurden zwar vor dreizehnhundert Jahren von den Arabern besetzt und sind Muslime geworden. Im Herzen aber sind wir auch Zarastrier geblieben, genießen das Leben und verehren das Feuer.«

In Yazd kann man die wohl am besten erhaltenen »Türme

Morgenlandfahrt

des Schweigens« sehen, gemauerte Türme, die genauso wie Feuertempel zum Alltag in Persien gehörten. In ihnen legten die Anhänger der zarastrischen Religion ihre Toten ab und überließen die sterblichen Reste den kreisenden Geiern. Schon Adam Olearius hatte dies staunend beschrieben und gezeichnet. Der Sinn dieses Beerdigungsrituals lag in den Geboten Zarathustras. Weder Erde noch Feuer, noch Wasser sollten mit den Leichen in Verbindung kommen. In den fünfziger Jahren unseres Jahrhunderts wurde diese Bestattungsart aus hygienischen Gründen verboten. Die Anhänger der altiranischen Religion beerdigen ihre Toten heute in Betonsärgen, wodurch Zarathustras Verbot der Verunreinigung noch am ehesten befolgt wird.

In Yazd brennt auch die letzte heilige Flamme der Zarastrier. Wie in einem Museum und hinter Glas kann man dort am Abend einen Priester beobachten, der mit weißer Mundbinde und weißer Kappe das heilige Feuer mit in Öl getränktem Zedernholz nährt. Ein Abglanz der alten zarastrischen Feuerherrlichkeit. Kurt Erdmann hat in der 11. Sendschrift der Deutschen Orient-Gesellschaft versucht, auf arabische Quellen gestützt, den Gottesdienst der Anhänger Zarathustras lebendig zu machen:

»Der Gottesdienst in diesen Heiligtümern war zweifellos eindrucksvoll, sei es, daß er in geschlossenem Raum, dessen einzige Lichtquelle die Flamme auf dem Altar war, sei es, daß er im Freien unter der Kuppel stattfand. Vor dem Altar bewegten sich die Gestalten der Priester. Ihr Mund ist verhüllt, damit ihr Atem das Feuer nicht verunreinigt, ihre Hände stecken in Handschuhen, damit kein Schmutz das Holz berührt, das sie mit Zangen auf den Altar legen, trockenes Holz, sorgfältig ausgewähltes und in feierlichem Ritual zubereitetes. Andere begleiten die Handlung, Bündel geweihter Zweige in der Hand, mit Gebeten und den uralten Gesängen des *Avesta*, bald die Stimmen erhebend zu skandierender Re-

Morgenlandfahrt

zitation, bald sie senkend zu undeutlichem Gemurmel. Im flackernden Licht der Flammen schimmern die mondsichelförmigen Metallständer für die Barsmanbündel. In einem Mörser wird der Opfertrank, das *Haoma*, gestampft, gefiltert, mit Milch gemischt, alles nach einem festen Ritual und begleitet von dem nie abreißenden Gesang der Litaneien.«

Verehrung des heiligen Feuers und Totentürme. Links unten ein Querschnitt von der obersten Plattform des Turms, wo die Leichen in drei Reihen hintereinander abgelegt wurden. In der Mitte das bis zur Erde reichende Loch, das die von den Geiern abgenagten Knochen aufnahm. Kupferstich aus der von Olearius bearbeiteten Orientalischen Reise-Beschreibung 1669

Morgenlandfahrt

Die Rekonstruktion der altiranischen Religion wird zweifellos durch das Fehlen historischer Quellen erschwert. Zarathustra hat, anders als Konfuzius, Buddha oder Moses, schriftlich kaum etwas hinterlassen, ist von anderen nicht beschrieben worden und hatte auch keine Jünger oder Apostel, die sein Lebenswerk aufgezeichnet oder dichterisch erweitert hätten. Das einzige, was wir über Zarathustra wissen, stammt aus 17 hymnenartigen Lehrtexten, den sogenannten *Gathas des Avesta*. Dies sind die ältesten überlieferten iranischen Sprachzeugnisse. Darin kommt auch ein altiranischer Herrscher mit Namen Kavi Vischtaspa vor, dem Zarathustra seine *Gathas* widmet und mit dessen Ministern er familiär verbunden ist. Eine historische Person also, kein bloßer Mythos; ein Adliger an einem Fürstenhof. Doch niemand weiß, wann und wo das war.

Die frühesten archäologischen Spuren dieser Religion stammen aus dem 7. Jahrhundert vor der Zeitenwende. Doch wie lange die Glaubensgemeinschaft davor schon bestand, bleibt offen. Die *Gathas des Avesta* geben sich durchaus kämpferisch und wenden sich gegen Kulte und Götterverehrung. Denn Zarathustra kennt nur einen Gott, Ahura Mazda, den »Herrn der Weisheit«. Das klingt wie ein philosophischer Gottesbegriff und untergliedert sich in geistige Aspekte: »Weisheitsliebe«, das »gute Denken«, »Einsicht« und »Erkenntnis«. Die alten Götter, so die *Gathas*, lügen und müssen bekämpft werden.

Das Reich des Ahura Mazda ist das Reich der Wahrheit und der Weisheit. Den Menschen sei anders als den Göttern die Wahl zwischen Gut und Böse gegeben. Außerdem verkündete Zarathustra, die guten Taten der »Wahrheitsliebenden« würden nach dem Tode belohnt. Die Seele hat, so verdeutlicht das Bild, auf einer Klinge einen Abgrund zu überschreiten. Ist die Seele rein, liegt die Klinge flach und das Paradies ist leicht zu erreichen. Als »Haus des Gesangs« wird der Himmel, als qualvoller Ort die Hölle umschrieben. Für den Orient der Vorzeit eine völlige Umkehrung der religiösen Ordnung! Die zarastrische Lehre erklärt den Menschen als wesensgleich mit den Göttern und nimmt ihn in die Verantwortung. Jeder habe die Möglichkeit, im Kampf gegen Unrecht und Lüge die Welt zu verändern. Jeder solle sein Gewissen prüfen, ob ein Befehl von den verlogenen Göttern oder dem »Herrn der Weisheit« komme.

Die Griechen waren höchst überrascht, als der Perserkönig Kyros seinen besiegten lydischen Kontrahenten Krösus an die königliche Tafel bat, und zwar wegen einer weisen Bemerkung zum Scheiterhaufen. Ebenso erstaunt waren die Juden, die von Kyros nach der Eroberung Babylons aus der Gefangenschaft befreit wurden. Der Mensch als verantwortungsvoller und lebensbewahrender Gestalter, frei von den Zwängen der Magie!

Die Lebensphilosophie der Parsen korrespondierte mit ihren äußeren Erfolgen, auch in der späteren Emigration. In Britisch-Indien stellten sie im 19. Jahrhundert fünfmal den Präsidenten des Nationalkongresses. Der zarastrische Industrielle Tata baute in diesem Jahrhundert die Schwerindustrie auf. Schon Goethe hatte erkannt: »Eine solche Ehrfurcht vor allem, was den Menschen natürlich umgibt, leitet auf alle bürgerlichen Tugenden: Aufmerksamkeit, Reinlichkeit, Fleiß wird angeregt und genährt. Man betrachte die Hauptgebote und -verbote: nicht lügen, keine Schulden machen, nicht undankbar sein! Die Fruchtbarkeit dieser Lehren wird sich jeder Ethiker, jeder Aszete leicht entwickeln.«

Die Lebensweise der Zarastrier, wie man sie heute noch beobachten kann, hat viel mit Freude zu tun. Über das Jahr verteilen sich 41 große und kleine Feste. Kommt ein Kind auf die Welt, brennt in seinem Zimmer drei Tage und Nächte ein kleines Feuer, um böse Kräfte fernzuhalten. Der Geburtstag wird groß gefeiert. Im Alter von sieben bis 14 Jahren wird der

Morgenlandfahrt

Jugendliche durch ein reinigendes Fest nahe dem Feuertempel in die Gemeinde aufgenommen. Eine Schnur aus Schafswolle spielt dabei eine besondere Rolle. Hochzeiten feiert man gerne in Parks. Dabei werden, wieder nach einem reinigenden Bad, eine Kokosnuß und ein Ei über den Köpfen der Brautleute geschwenkt und anschließend auf der Erde zerschlagen. Die Hände der beiden werden vor Zeugen symbolisch mit einem Tuch verbunden. Dann wird gesungen und getanzt.

Ein bedeutendes Ritual, das die *Gathas* überliefert haben, ist das *Haoma*-Ritual, vielleicht ein Ersatz des Religionsstifters für die blutigen Rinderopfer der vorzarathustrischen Zeit. Im Iran selbst habe ich keines erlebt, aber die Literatur beschreibt es wie folgt: Das Ganze findet in einem Raum statt, in dem mehrere Opferplätze durch Bodenrinnen getrennt sind. Der Priester weiht Wasser und zerschneidet das Blatt einer Dattelpalme in sechs Streifen. Zusammen mit einem Granatapfelzweig wird eine Schnur geflochten. Feierlich wird eine Ziege gemolken und die Milch in den Opferraum gebracht. Dann preßt man in einem Mörser die *Haoma*-Pflanze aus (der Wirkstoff ist auch in der pharmazeutisch wichtigen *Ephedra*-Pflanze enthalten). Dazu wird Opferbrot gegessen und werden die *Gathas* des Zarathustra gesungen. Letztlich also eine heilige Mahlzeit mit einem anregenden Trank zum Segen des Opfernden.

Die zarastrische Religion »zivilisierte« auf jeden Fall die Sitten, förderte die Seßhaftigkeit und Kultivierung der Stämme. »Da diese Religion jedoch zur Beschaulichkeit führt, so könnte sie leicht zur Weichlichkeit verleiten, so wie denn in den langen und weiten Kleidern auch etwas Weibliches angedeutet scheint«, vermerkt Goethe in seinem *Diwan*. Zumindest, was die Überlebensfähigkeit der Religion betrifft, hat der Dichter damit recht behalten.

Dem arabischen Islam konnten die Zarastrier nichts entgegensetzen. Später hat der Islam sie jedoch den »Schriftbesitzern«, d.h. den Juden und Christen, gleichgestellt. Sie müssen Steuern entrichten und stehen dafür unter dem Schutz der Muslime. Obwohl der Iran seit 1300 Jahren moslemisch ist, spielen die Weltanschauung und die Gedanken Zarathustras eine Rolle im Leben der Menschen. Überhaupt: Die Perser haben nach meinem Gefühl mit Sicherheit mehr als eine Welt in sich. Ein Volk, das so lange von wechselnden Machthabern besetzt und bedroht wurde, hat perfekt gelernt, das eine zu tun und das andere nicht zu lassen. Das Leben auf der Straße und in der kontrollierten Gesellschaft unterscheidet sich völlig vom Leben zu Hause und im Familienverband. Die Ebenen der inneren Emigration kommen noch hinzu. Fährt man, wie ich, viele tausend Kilometer durch das Land und erlebt zum Beispiel die Defizite im Bereich Umweltschutz oder den maßlosen Umgang mit dem billigen Rohstoff Öl, so klingen die Vorschriften Zarathustras fast aktuell: Die Reinhaltung der Elemente Luft, Erde, Wasser und Feuer ist ein Gebot der Stunde.

Im Vorfeld der Dreharbeiten gab es einige Kontakte zu Historikern und Archäologen. Wenn ich sie dann mehrmals gesehen hatte und schließlich nach Hause eingeladen wurde, hing da meist auch ein Bild Zarathustras. Was nicht heißt, daß dies eine Opposition zur islamischen Staatsreligion bedeutet. Aber er ist nicht vergessen und mit den Idealen vieler Menschen im Iran verknüpft, als schwebe er über den Bergen zum Zeichen, daß die Kraft des Feuers nie versiegt.

Der Untergang von Persepolis

Als wir im Spätsommer 1994 mit 500 Kilo Filmausrüstung, zehn Metern Kameraschienen und einem zerlegbaren Kran im Iran unterwegs waren, freute ich mich auf einen Ort besonders. Nahe Shiraz liegen die Ruinen von Persepolis, das

Morgenlandfahrt

die genaueste Vorstellung von Macht, Kultur und Leben der persischen Achämenidenfürsten vermittelt. Vor 2500 Jahren hat König Darius der Große den Bau der Anlage begonnen. An keinem anderen Platz in Persien haben Grabungen so viele Entdeckungen zutage gebracht. Die wissenschaftliche Literatur hierüber füllt Bibliotheken.

Im Auftrag des Orientalischen Instituts von Chicago fingen Erich Herzfeld und nach ihm Erich F. Schmidt von 1931–1939 mit den wissenschaftlichen Untersuchungen an. In den vierziger Jahren übernahm die iranische Antikenverwaltung das Projekt; verschiedene andere Institutionen folgten. Bei Restaurierungsarbeiten tat sich eine italienische Archäologengruppe hervor. Seit der islamischen Revolution ist wenig geschehen. Es gab allerdings in den Anfängen, kurz nach dem Umsturz, stark fundamentalistische Kreise in der Mullahschaft, die vorschlugen, Persepolis zu zerbomben. Alle Erinnerungen an vorislamische Kulturen sollten ausgelöscht werden. Die Bevölkerung, besonders in Shiraz, protestierte, und glücklicherweise besann man sich.

Seit sich der Iran wieder öffnet, hat man in Persepolis begonnen, Schutzdächer über die gefährdeten Reliefs zu bauen. Vor allem die Luftverschmutzung hat in den letzten Jahrzehnten mehr Schäden an den Bauwerken verursacht als in den 2000 Jahren davor. Dennoch ist ein Besuch immer noch wie eine Reise mit der Zeitmaschine. Persepolis liegt auf einer terrassenartigen Platte, die 450 mal 300 Meter mißt. Das erstaunliche System der Be- und Entwässerung der ehemaligen Palastanlage läßt vermuten, daß bereits vor Baubeginn ein perfekt durchdachter Plan vorlag.

Als Alexander der Große 330 vor Christus Persepolis einnahm und plünderte, dauerten die Bauarbeiten noch an. Der Zugang zur Terrassenanlage erfolgt über eine riesige Treppe (fünf Stufen aus einem einzigen Block von sieben Meter Länge); die bedeutendsten Besucher sollten zu Pferde einziehen können. Zum Neujahrsfest kamen Vertreter aller 28 Völker des Perserreichs nach Persepolis und brachten Gaben und Geschenke. An der Ost- und Westseite des Palastes halten stierähnliche Kolosse Wache. Die Inschriften darüber sind dreisprachig. Xerxes, der Sohn des Darius, verkündet darin, daß die Gunst Ahura Mazdas ihm und seinem Vater erlaube, so viel Prächtiges zu bauen. Man hat Stein- und Tontafeln in Persepolis gefunden, die in akkadischen und elamitischen Schriftzeichen belegen, daß die Bauarbeiter vor 2500 Jahren korrekte Löhne in Form von Geld und Nahrungsmitteln erhalten haben. Das ist ungewöhnlich: Bauten dieser Größenordnung wurden in anderen Ländern zumeist von Sklaven oder Zwangsarbeitern errichtet.

Die *Apadana*, der Thronsaal von Persepolis, muß der teuerste und von der Konstruktion her aufwendigste Thronsaal der orientalischen Baugeschichte gewesen sein. Der Saal mißt 112 Meter im Geviert, seine Höhe beträgt 25 Meter. Der Archäologe Friedrich Krefter hat sich viele Gedanken über die Balken- und Dachkonstruktion gemacht. Die Dimensionen sprengen jegliche Vorstellung. Für jeden einzelnen Hauptbalken der Apadana mußten Zedernbäume gefunden werden, die mindestens 400 Jahre alt sein mußten, um den statischen Anforderungen des Baus gerecht zu werden – und das zu einer Zeit, da die Wälder des Libanon und des Taurus schon längst abgeholzt waren. Überall in dem riesigen Reich, das sich in seiner Glanzzeit von der Ägäis bis Indien und vom Aralsee bis zum Arabischen Meer erstreckte, müssen Menschen die Baumaterialien herangeschafft haben. Eine Inschrift, die in der einst Persepolis ähnlichen Palastanlage von Susa gefunden wurde, zählt auf: Die Ziegel wurden von den Babyloniern hergestellt, das Zedernholz kam von den Assyrern und wurde von den Ioniern über Babylon geliefert. Das Gold kam aus Anatolien und Afghanistan. Der blaue Lapislazuli und der rote Karneol wurden aus Sogdiana, dem heutigen Usbekistan, eingeführt, das Silber und Ebenholz aus Ägypten, das Elfenbein aus Äthiopien und Indien.

Bei aller Gigantomanie achämenidischer Baukunst – Persepolis fasziniert vor allem durch die Detailtreue seiner Flachreliefs. Sie versetzen den Betrachter noch heute direkt in das höfische Leben; wie ein Film führen uns die Abbildungen in die damalige Zeit. Die Adligen, Ratsherren, Wächter und Gesandten der tributpflichtigen Völker konnten hier gleichsam ihr typisiertes Spiegelbild betrachten. Jede Geste, jede Frisur und jedes Kleidungsdetail gibt die charakteristischen Merkmale einer bestimmten Volksgruppe oder eines Berufsstandes wieder. Geschenke und Gaben sind deutlich auszumachen, darunter auch exotische Tiere, wie Giraffen aus Abessinien, zweihöckrige Kamele aus Afghanistan, junge Löwen aus dem Reich der Elamiter, rassige Pferde, Schmuckstücke und Waffen.

Wie die englische Archäologin Sylvia A. Mattheson ausführt, vermitteln jedoch auch die am besten erhaltenen Teile nur noch einen schwachen Eindruck von der ursprünglichen Pracht: »Die großen Holztore waren mit elegant gemusterten Goldplatten belegt; schwere goldgewirkte Vorhänge hielten jeden Luftzug ab; blaue, gelbe und rosa Kacheln aus Terrakotta und glasiertem Ton mit Abbildungen von Löwen, Stieren und Pflanzen oder Wandmalereien schmückten den oberen Teil der Wände.«

Während der Dreharbeiten in Persepolis werden wir natürlich immer wieder angesprochen. Zu den Besuchern gehören Schulklassen, aber auch Gruppen von Soldaten. Ein junger Mann fragt mich, ob wir in Deutschland auch so etwas Ähnliches wie Persepolis hätten. Natürlich verneine ich und versuche mir gleichzeitig vorzustellen, wie es in den Wäldern Germaniens 500 Jahre vor Christus ausgesehen hat. Der junge Soldat freut sich, und er hat allen Grund dazu. Die Reliefs in Persepolis müssen ungeheuer integrierend gewirkt haben;

jedes Volk, jede Berufsgruppe fand sich hier wieder: Höflinge, Wagenlenker, Adlige, Offiziere oder einfache Wächter.

Dabei ist auf den Abbildungen auch noch jede Menge Humor festzustellen. Die Reliefs an den Treppenaufgängen zeigen zum Beispiel Wachsoldaten, die, direkt am Anfang postiert, strenge Gesichter und eine stramme Haltung haben. Je weiter entfernt sie aber vom Brennpunkt des Geschehens dargestellt sind, desto laxer wird ihre Haltung. Manche grinsen sogar oder unterhalten sich.

An den östlichen und westlichen Nebengebäuden, die wohl als Bade- und Umkleideräume dienten, sieht man auf den Steinmauern Diener des Königs mit Handtüchern, Duftbehältern, Fliegenwedeln und Sonnenschirmen. Östlich der eigentlichen Palastanlage befindet sich ein abgeschlossener Komplex von Sälen mit einer Fläche von 10 000 Quadratme-

---

Die Terrassenanlagen von Persepolis. Im Vordergrund Treppenaufgang mit den Vertretern tributpflichtiger Völker

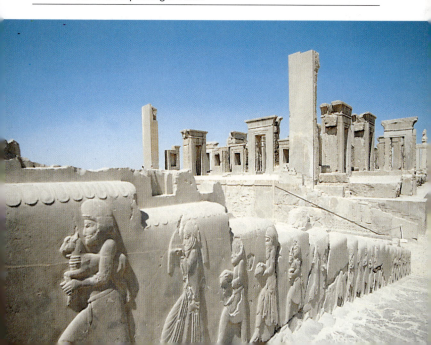

tern. Man nimmt an, daß dies das königliche Schatzhaus war. Plutarch berichtet, daß bei der Plünderung der »Staatsbank« durch Alexander den Großen 10 000 Maultiere und 5000 Kamele benötigt wurden, um alle Schätze aus Persepolis abzutransportieren.

Persepolis und das persische Großreich waren zweifellos auf dem kulturellen Gipfel ihrer Macht, als Alexander nahte. Der Perserkönig Darius III. besaß nicht mehr den unbezähmbaren Willen seiner Vorfahren, die das Riesenreich erobert und zusammengefügt hatten. Dagegen war der jugendliche Alexander auf seinem Asienzug geprägt von den Heimsuchungen seiner Heimat Makedonien durch Perserheere. Der Brand der Akropolis und anderer Tempel lastete als schwere Schmach auf der hellenistischen Welt. Im Herbst des Jahres 333 kam es bei Issos zu jener denkwürdigen »Keilerei« zwischen Persern und Griechen, bei der Darius das Nachsehen hatte. Dabei fielen sogar Mutter, Gattin und Kinder des persischen Großkönigs in die Hände Alexanders. Nichts deutet darauf hin, daß die Perserheere zum entscheidenden Gegenschlag ausholen wollten. Man hatte Alexander als Feldherrn erlebt: seine Schnelligkeit, seine unberechenbaren Einfälle und die Fähigkeit, seine Krieger gerade in ausweglosen Situationen zu überragenden Leistungen zu motivieren. Darius bot Frieden an und Lösegeld für seine Familie. Sogar schriftlich; im »zweiten Brief« bot er Alexander selbst seine Tochter als Braut an und die Hälfte des persischen Großreichs dazu. Dabei hatte Alexander zu dieser Zeit nur Teile Kleinasiens und Palästinas unterworfen, und im alten Persien stand eine riesige, formal überlegene Armee.

Soweit wir das heute einschätzen können, war Darius kein Kämpfer, aber – denkt man an Persepolis – ein überragender Bauherr.

Vielleicht bewunderten die Kontrahenten Alexander und Darius einander auch, oder der Perser spürte die stärkere

Morgenlandfahrt

Persepolis. Das detailgenaue Relief zeigt den Abgeordneten einer ausländischen Delegation mit seinem Lasttier

Kraft des aufstrebenden Hellenismus. Er wich aus und zögerte so lange, Entscheidungen zu fällen, bis ihn seine eigenen Leute des Verrats bezichtigten und umbrachten. Als Alexander seinen Gegner wiedersah, lag er – so wird berichtet – ermordet auf einem Karren. Und dann die große Geste: Alexander deckte den toten König mit einem Mantel zu und steckte sich dessen königlichen Siegelring an den Finger. Damit war er der neue Großkönig.

Vielleicht hatte Alexander in Plutarch und anderen Geschichtsschreibern auch nur eine gute *Public-Relations*-Abteilung. Wir kennen die Fakten lediglich aus der Sicht der Hofberichterstatter, und es ist durchaus möglich, daß sie zu Propagandazwecken die Taten des jungen Herrschers aufgebauscht oder verklärt haben. Die Story, ein persischer Adeliger habe Darius gemeuchelt und der gerechte Alexander habe den Mörder verfolgt und gestellt, klingt zweifellos gut. Nur mit einer Episode des Alexanderzugs hatten seine

Chronisten, wie auch später die Archäologen, ihre Schwierigkeiten: dem Brand von Persepolis. Das paßt nicht so ganz ins Bild des edlen Griechen; deswegen ließen sich die Schreiber manche Geschichte einfallen, um die Feuersbrunst in ein anderes Licht zu rücken: Sie sei aus Versehen und während eines der berühmten Gelage entstanden; Hetären hätten im Rausch die Männer dazu aufgestachelt, und Alexander habe gleich den Befehl zum Löschen gegeben. Eine Gegendarstellung spricht von einem Fanal, das genau 150 Jahre nach dem Brand der Akropolis wie geschaffen schien, die alte Schmach zu sühnen. Aber kann dies alles nicht auch einfach erfunden sein?

Es gibt Indizien: Leo Trümpelmann faßt in seinem Buch *Persepolis – Weltwunder der Antike* die archäologischen Befunde zusammen und vertritt die These, der Brand sei vorsätzlich inszeniert und organisiert worden. Schließlich lebten auch Griechen und Makedonier in Persepolis, und niemand zündet sich sein Haus über dem Kopf an; außerdem brannten nur einzelne Gebäude. Der Palast des Darius und die Wohnanlage der Beamten blieben unbeschädigt. In den Thronsälen, so fanden Archäologen heraus, waren die Säulenbasen durch starkes Feuer geplatzt und luftgetrocknete Ziegel hellrot gebrannt. Doch wie konnte das in einem Saal passieren, in dem nur das Dach und die Fensterrahmen in 20 Meter Höhe brennbar waren? Hatte man Brandpfeile in die Decke geschossen? Aber damit kann man keine ein Meter dicken Dachbalken anstecken.

Eine plausible Erklärung stammt von Friedrich Krefter: Teile von Persepolis waren zu diesem Zeitpunkt ja noch Baustelle, und Brennholz gab es in Hülle und Fülle. Also müssen gleich einem Scheiterhaufen im Inneren des Thronsaals Balkenreste und Teile eines Holztores aufgeschichtet worden sein, damit man den Brand erfolgreich entfachen konnte. Dabei müssen Tage vergangen sein. Das Schatzhaus war bereits geplündert worden. Zur Zeit des Brandes wußte Alexander noch nichts von dem Meuchelmord an Darius durch dessen eigene Leute. Als Alexander Persepolis verließ, hatte er zwar gesiegt, aber die Insignien des Königs von Asien waren noch nicht in seinem Besitz. Also veranstaltete er ein Abschiedsfest und ließ Teile von Persepolis anzünden. Schließlich stand auf der Treppe des Thronsaals eine Inschrift des Xerxes:

Ein großer Gott ist Ahura Mazda,
Der diese Erde schuf,
Der diesen Himmel schuf,
Der den Menschen schuf,
Der die Freude schuf für die Menschen,
Der Xerxes zum König machte,
Den einen zum König von vielen,
Den anderen zum Herrscher von vielen.
Ich bin Xerxes, der große König,
König der Könige,
König der Länder vieler Stämme,
König dieser großen Erde weithin,
Sohn des König Darius,
Ein Achämenide.

Mit dem Brand von Persepolis endete die Herrschaft der Achämeniden. Die Städtekultur des Hellenismus war auf dem Vormarsch. Zum Zeitpunkt des Aufeinandertreffens bildeten Griechenland und Persien völlig unterschiedliche gesellschaftliche Systeme. Griechenland war ein Verbund von Stadtstaaten, eine urbane Kultur mit Handelsplätzen im ganzen Mittelmeerraum. Es gab Banken und ein Kreditwesen, kleine Handwerker, Händler und Kaufleute, die nach dem Prinzip von Angebot und Nachfrage ihre Geschäfte machten. Eigeninitiative und Risikobereitschaft galten als Tugenden der Griechen. Außerdem war es notgedrungen normal, im Ausland Arbeit und Gewinn zu suchen. Dagegen war Persien ein reines Agrarland, genauso wie früher Makedonien, die Heimat Alexanders und seines Vaters Philipp. Eine feudale Ordnung mit strengen Lehnsverhältnissen; das Land gehört dem Adel und dem König. Es prallten also zwei Welten aufeinander. Mit dem Brand von Persepolis wiederholte sich eine Konstante der Geschichte: Aufstieg und Niedergang, Werden und Vergehen.

Ein anderer wichtiger Schauplatz und Grabungsort für die Geschichte von Alexander dem Großen ist Susa, bekannt auch als biblisches Susan im alttestamentarischen Buch Esther. Susa liegt in einer der heißesten Regionen der Erde. Wir haben einen Hubschrauber bestellt und uns am frühen Morgen auf einem Fußballfeld in der Nähe der Ausgrabungsstätte verabredet. Drehen kann man hier nur frühmorgens oder spätabends. Der Tag beginnt, wie fast immer, um vier Uhr morgens. Packen und Laden der Ausrüstung, dann ein Tee, und bei Sonnenaufgang am verabredeten Treffpunkt. Sicherheitshalber sind wir etwas früher da, warten eine Stunde, sehen dann den Hubschrauber, aber er kommt nicht zu uns, sondern landet 15 Kilometer entfernt. Die Erklärung: Es gibt hier mehrere Fußballfelder. Aber es klappt dann doch noch, und der Pilot erweist sich als äußerst fähig. Mit minimaler Geschwindigkeit, bei offener Helikoptertür, umkreist er das Ruinenfeld und fliegt uns dann noch über den einzigartigen Feuertempel Tschoga Zambil aus elamitischer Zeit.

Plutarch, der Chronist des Alexanderzuges, schreibt: »Alexander nahm nun Susa ein und fand im Königspalast 40 000 Talente gemünzten Geldes und eine unbeschreibliche Menge von Einrichtungsgegenständen und sonstigen Kostbarkeiten.« Er erzählt, die Könige hätten unter anderem auch Wasser aus dem Nil und aus der Donau herbringen und in ihrer Schatzkammer aufbewahren lassen, gleichsam als Bestätigung für die Größe ihres Reiches und ihrer Herrschaft über alle Völker.

Plutarch liest sich spannend und in seiner Diktion überzeugend. Er berichtet, daß sich Alexanders Lebensweise immer mehr nach den Landesbräuchen gerichtet und er versucht habe, diese mit den makedonischen Sitten zu verbinden. »Er war nämlich der Überzeugung, mit Hilfe einer solchen Verschmelzung und Gemeinsamkeit seine Herrschaft eher auf Zuneigung als auf Gewalt stützen zu können.« Auch Alexanders Heirat mit der baktrischen Prinzessin Roxane sieht Plutarch in diesem Zusammenhang: »Die Barbaren wurden nämlich aufgrund dieser ehelichen Verbindung in ihrem Vertrauen bestärkt und faßten eine bewundernde Liebe zu Alexander, weil er auf diesem Gebiet die größte Zurückhaltung an den Tag legte und sich nicht einmal der einzigen Frau, die ihn in ihren Bann geschlagen hatte, wider Sitte und Herkommen näherte.«

Susa ist historisch verknüpft mit der Massenhochzeit, die Alexander dort veranstaltete. Plutarch berichtet, er habe jeweils die bedeutendsten Offiziere seiner Armee mit den vornehmsten Perserinnen zusammengebracht, und jedem der 9000 Festgäste sei eine goldene Schale zum Trankopfer überreicht wor-

Die Stele mit dem Codex Hammurabi aus Susa. Der babylonische König (links) bittet den Sonnengott Schamasch, den Hüter des Rechts und Richter von Himmel und Erde (rechts), die auf der Steinsäule eingemeißelten Gesetze zu bestätigen (Louvre, Paris)

den. Auch habe er am gleichen Tag alle Schulden seiner Soldaten bezahlt.

Über 2300 Jahre später erleben wir eine Hochzeit im heutigen Iran, und zwar bei den Quasquai-Nomaden. Wir sind eingeladen, und ein Vertreter der Provinzregierung, zuständig für Nomaden, begleitet uns. Als wir kommen, sehen wir viele Feuer und Männer, die darüber in großen Kesseln Essen zubereiten. Es gibt vier große Zelte; eine Trompete ertönt. Die Frauen sitzen in einem Zelt, von den Männern getrennt, und verzehren, was diese gekocht haben. Sie sind bunt gekleidet, und wir genießen die Farben nach den ewigen Grau-in-Schwarz-Tönen der Frauenkleider in den Städten. Unser Kameramann will sofort drehen, aber so schnell geht das nicht. Alle Männer des Stammes tragen Karabiner, und einige bewachen das Frauenzelt. Erst als wir sie filmen und so ihre Eitelkeit bestätigen, kommen wir einander näher. Wie meistens im

Frauenzelt bei einer Nomaden-Hochzeit in der Provinz Fars

Morgenlandfahrt

Orient, erstarren die Männer förmlich zu Salzsäulen, wenn sie eine Kamera sehen. Als wir sie dann noch zu einem Gruppenbild mit Waffen zusammenstellen, ist das Eis gebrochen. Wir müssen mit ihren Karabinern auf Steine zielen, außerdem viele Hände schütteln und Schultern klopfen. Aber dafür dürfen wir dann im Frauenzelt drehen.

Von der Braut sieht man zunächst nichts. Sie wird erst am späten Nachmittag von ihrer Familie gebracht, zusammen mit einigen Möbeln und Kleidern. Sie verschwindet in einem Zelt, und davor wird demonstrativ ein Lamm geopfert, ein blutiges Ritual, das doch eigentlich schon Zarathustra verbot. Der Bräutigam, ein sympathischer junger Mann in schwarzem Anzug, erzählt, seine Braut sei 16 Jahre alt, und er habe sie vor zwei Jahren kennengelernt und sich in sie verliebt. Nachdem sich die beiden Familien über die Hochzeit geeinigt hätten, habe er sie zwei Jahre nicht gesehen. Er führt uns dann doch in das Zelt. Das junge Mädchen ist völlig in weiße Schleier gehüllt und wird von ihren Schwestern und Tanten sehr zärtlich behandelt. Ich glaube, sie schluchzen zu hören, aber viele Frauen sind um sie herum, herzen und trösten sie, als ihre Familie sie verläßt. Sie wird jetzt zu den Frauen vom Stamm ihres Bräutigams gehören, und wir sind sicher, daß sie dort Aufnahme findet. Seit wir im Frauenzelt drehen durften, können wir uns gut vorstellen, wer in der Nomadensippe das Sagen hat. Die schießwütigen Männer mit ihren Flinten sicher nicht.

Am Abend beginnen die Frauen des Stammes zu tanzen. Die Braut bleibt im Zelt. Im letzten Licht der untergehenden Sonne schwingen die anderen bunte Tücher zum Tanz. Mit dem aufkommenden Abendsturm wirbeln Sandböen um die Zelte. Die Frauen tanzen um den Bräutigam, den Sohn ihres Stammes, herum. Es wirkt, als wollten sie ihn beschwören, ein sanfter und guter Ehemann zu werden. Die Männer schießen dazu ihre Flinten ab – eine fast unwirkliche Szene.

Von Sufis und Geisterstädten

40 Tage dauerte unsere Drehreise, und die letzte Etappe zog sich hin. 40 Tage sind gerade im Orient eine bedeutungsvolle Zeit. So lange dauert die klassische Fastenmeditation der Sufi und islamischen Mystiker. Moses ging 40 Tage in die Wüste, 40 Tage währte die Versuchung Christi, und der Prophet Muhammad hatte im Alter von 40 Jahren seine Visionen.

Für uns brachten die letzten zehn Tage unerträgliche Wüstenhitze und die Begegnung mit archäologischen Rätseln an magischen Plätzen. Am Rand der Wüste Lut liegt die Oasenstadt Kerman. Hier sieht man noch die alten Windtürme, wie sie vor Erfindung der elektrischen Klimaanlage in allen Oasenstädten anzutreffen waren. Durch Klappen streicht jeder noch so flaue Windhauch in einen turmförmigen Aufbau am Dach des Hauses, von wo er durch ein raffiniertes System von Kanälen und Wasserleitungen geführt wird. Durch Verdunstung kühlt die Luft ab und strömt in die Wohn- und Bazarräume. In Kerman sind Teile des alten Bazars erhalten, in den meisten anderen Städten weichen die alten Märkte modernen Warenhallen. In Kerman ist einst auch Marco Polo gewesen; die Karawanenstadt hat Anschluß an die Handelsrouten der Seidenstraße. Ein Teehaus und das *Hâmam*, das Badehaus im Bazar, erinnern noch an vergangene Zeiten.

Wir wollen eine Szene drehen, die den Zuschauer in die Zeit Marco Polos versetzt, und suchen auf dem Platz vor dem Bazar »interessante Köpfe«, die beim Tee im Badehaus für »orientalische Stimmung« sorgen sollen. Die eindrucksvollsten Köpfe haben die afghanischen Flüchtlinge, von denen es im Iran über eine Million und in Kerman, wegen seiner Nähe zur Grenze, besonders viele gibt. Diese Flüchtlinge genießen im wirtschaftlich geschwächten Iran eine Art Asylantenstatus. Manche arbeiten als Erntehelfer oder im Straßenbau, für die anderen bleibt fast nur der Schmuggel. Der gesamte Weg durch die Wüste Lut und durch Belutschistan wird von der Armee kontrolliert: überall MG-Nester und 40-mm-Kanonen auf den Wachtürmen. Offiziell sollen dadurch Karawanen von Drogenschmugglern aufgebracht werden. Aber die Mujahedin interessieren sich auch für Fahrzeuge. Unsere Fahrer fürchten die Wüsten Belutschistans und wollen nach Sonnenuntergang von nun an nicht mehr ans Steuer.

35 Kilometer von Kerman entfernt liegt der Wallfahrtsort Mahan, berühmt durch das Mausoleum von Schah Nematollah Vali. Er starb 1431 in Mahan und erlangte Ruhm als Mystiker, Asket und Sufiheiliger. Der von ihm gegründete Derwisch-Orden besteht noch heute und hat weltweite Verbindungen. Die Minarett-Türme des Mausoleums in einer herrlichen Gartenanlage gehören für mich zu den schönsten im Iran. Im Inneren bekommen wir einen kleinen Raum gezeigt, in dem der Heilige 20 Jahre seines Lebens meditiert haben soll.

Aber was sind eigentlich Derwische und Sufis? Aus mittelalterlichen Reiseberichten und den meist frei erfundenen Beschreibungen Karl Mays kennen wir das Bild der wandernden und heulenden Derwische, dargestellt als zerlumpte Ekstatiker, »Narren«, »Wahnsinnige« und verabscheuungswürdiges Gesindel. Auch Olearius hat nicht allzuviel von den Derwischen gehalten, denen er damals noch in Persien begegnete. Sie seien zwar die Verbreiter der Religion auf der Straße, aber sonst zu nichts nutze, ja manchmal sogar räuberisch und aufdringlich.

Heute kommt der Kultur der Sufis und Derwische zusammen mit der Heiligenverehrung des volkstümlichen Islam eine wachsende Bedeutung zu. Besonders im Westen interessieren sich viele Menschen für diese undogmatische Seite des Islam, die Mystik der Liebe und den Weg des Herzens in einer immer kälter werdenden Welt. Der Begriff ›Sufismus‹ leitet sich von *Suf*, dem arabischen Wort für ›Wolle‹ ab. Ihr Vorbild fanden die frühislamischen Asketen in den alten Propheten, die mit einem Büßergewand aus grober Wolle bekleidet waren.

Die islamische Mystik ist zutiefst eine Religion der Hingabe und Ergriffenheit. Der Sufi sucht die direkte Vereinigung mit dem göttlichen Freund und Geliebten, abseits der Normen des Gesetzesislam. Der Derwisch, übersetzt »der Arme«, ist für die Verbreitung und Popularisierung des Sufismus auf der Straße zuständig. Im Iran des 17. Jahrhunderts war das Derwischtum noch sehr ausgeprägt, heute sind Wanderderwische kaum noch zu finden. Die spirituelle Bedeutung mystischer islamischer Heiliger ist dagegen immer noch gegenwärtig; allerdings längst nicht so stark wie zum Beispiel in der islamischen Republik Pakistan.

Die Mystiker der Sufis haben wesentliche Beiträge zur Poesie, Musik- und Geistesgeschichte des Orients geliefert. Aber das Ganze ist als Gedankengebäude sehr schwer zu fassen. Der mystische Pfad, oder der Weg des Herzens, gleicht einer »heiligen Leiter«. Auf dem Weg zur Vereinigung mit dem Göttlichen durchmißt der Jünger verschiedene Stadien und Zustände, kann aber durch Versuchungen, Arroganz oder schlechte Einflüsse auch abstürzen. Die »Reinheit des Herzens« und die »Überwindung weltlicher Begierden« sind Schlagworte auf diesem Weg, der mehr auf Intuition und menschlicher Herzensbildung beruht.

Annemarie Schimmel schreibt über den Sufismus: »Man mag in den Rosengärten persischer mystischer Dichter verweilen oder versuchen, die eisigen Gipfel theosophischer Spekulationen zu erklimmen – man mag in den Niederungen volkstümlicher Heiligenverehrung bleiben oder sein Kamel durch die endlosen Wüsten theoretischer Abhandlungen über die Natur des Sufismus, das Wesen Gottes und der Welt treiben –, oder man mag sich mit einem Blick über die Landschaft begnügen, die Schönheit der höchsten Gipfel genießen, die am frühen Morgen in Sonnenlicht gebadet oder durch einen violetten Dunst eines kühlen Abends getönt sind. Jedenfalls werden nur wenige Erwählte den entferntesten Berg erklimmen, auf dem der mystische Vogel Simurgh lebt – um dann zu begreifen, daß sie nur das erreicht haben, was in ihnen selbst lag!«

In Mahan selbst existiert keine Bruderschaft mehr. Doch der Platz wird viel besucht, und die Mitglieder des Derwisch-Ordens von Schah Nematolah Vali sind in alle Himmelsrichtungen verstreut, aber auch wie eine Perlenschnur miteinander verknüpft. Mahan ist ein Platz, wo man bleiben möchte, aber wir müssen bis zum Abend Bam erreicht haben, einen der archäologischen Höhepunkte unserer Reise.

Die Oasenstadt Bam ist für ihre Dattelpalmen und Orangenplantagen berühmt. Neben dem heutigen Bam gibt es aber auch eine historische Lehmstadt, die wie kein anderer Ort den Eindruck einer lebendigen mittelalterlichen Stadt vermittelt. Man weiß, daß Bam im 7. Jahrhundert von Arabern erbaut wurde und im 10. Jahrhundert als uneinnehmbare Festung galt. Die Ruinen der Lehmstadt enthalten Überreste von Moscheen, Herrenhäuser und sogar einen Kühlturm. Eisblöcke aus den Bergen wurden mitten in die Wüste transportiert und tief in einem Turm gelagert, um Lebensmittel zu konservieren.

Die mittelalterliche Lehmfestung verdankt ihren guten Zustand eigentlich einem Fluch, der auf der Stadt lasten soll. In Persien kamen und gingen die Dynastien. Als 1794 der letzte Khan der Zend-Dynastie in Bam Zuflucht suchte, lieferte ihn die Bevölkerung auf Druck der neuen Kadscharen-Herrscher aus. Sein Todfeind Aga Mohamed ließ ihn zuerst blenden und dann auf schreckliche Weise töten. Vor seinem Ende aber verfluchte der Khan den Ort samt seinen Bewohnern. Die flohen daraufhin in panischer Furcht. Zurück blieb eine riesige Geisterstadt mitten in der Wüste. Der Fluch, der auf ihr lastete, schreckte jeden Eroberer oder Neusiedler ab. So wurde sie weder zerstört noch überbaut.

Heute wird in Bam nach einem Besuch von Ministerpräsident Rafsandjani aufwendig, aber mit alten Materialien restauriert. Man hat erkannt, daß dieser erstaunliche Ort ein wichtiger Anziehungspunkt werden kann. Wir spüren nichts von dem alten Fluch, obwohl Bam bis in unser Jahrhundert ein beliebter Verbannungsort für Oppositionelle war. Wir genießen die saftigen Datteln, das frische *Mast* (Schafmilch-Joghurt) und das duftende *Nan* (Fladenbrot).

Von Bam sind es noch zwei Fahrtage durch die Wüste Belutschistans zu einer der interessantesten Ausgrabungsstätten des Iran. Die Luft unterwegs ist »bleihaltig« – zuweilen schießen die Posten von den Türmen entlang der Straße, die zur afghanischen Grenze führt. Wenn die automatischen Waffen ihre Salven abfeuern, ziehen wir unwillkürlich die Köpfe ein. Der Ort, den wir suchen, heißt Shar-e-Sukhten und wird auch als »verbrannte Stadt« in der Literatur erwähnt. Der englische Asienforscher Sir Aurel Stein beschrieb die Stätte 1916 als erster. Die wesentlichen Grabungen gingen seit 1967 von dem italienischen Archäologen Dr. Maurizio Tosi aus. Von der Straße aus sieht man mehrere riesige helle Hügel, die wie Sanddünen wirken. Auf dem ausgedehnten, kaum überschaubaren Gelände gibt es heute nur einen Wächter. Als er uns in der Gluthitze herumführt, schrecken wir einige Schlangen auf. Das Besondere an Shar-e-Sukhten ist eine 20 Zentimeter dicke Ablagerung aus Salz, Sand und Ton, die die 5000 Jahre alte Fundstätte und die sieben Meter dicken Siedlungsprofile wie eine Isolierschicht versiegelte. Für die italienischen Forscher wurde der Ausgrabungsort zum archäologischen Eldorado: »Mauern, die man zuerst für Grundmauern hielt, waren in Wirklichkeit, wie sich zeigte, Mauern in Dachhöhe; jeder Raum war mit Funden geradezu vollgestopft. Neben Alabaster-, Stein- und Bronzegegenständen wurden allein über zwei Millionen Keramikscheiben verzeichnet. Bei der Keramik aus den untersten Schichten konnte man Verbindungen zum sowjetischen Turkmenistan feststellen, bei der in den jüngsten Schichten (um 1900 v. Chr.) mit der Induskultur. Zwei Spezialisten verwendeten drei Jahre auf die Untersuchung der 25 000 Steinwerkzeuge, fünf Paläontologen befaßten sich mit Tausenden von Tierknochen«, beschreibt Sylvia Mattheson in ihrem archäologischen Führer das Grabungsergebnis.

Die Forschungsarbeiten wurden zum Betätigungsfeld für viele Wissenschaften. Paläobotaniker untersuchten sechs Tonnen Erde, durchsiebten praktisch die ganze Kanalisation der alten Kultur und wiesen nach, daß sozusagen jede Tier-, jede Pflanzenart dieser Gegend auch vor 5000 Jahren schon existierte. Große Verwirrung kam auf, als man 42 000 frisch

Die Ruinen von Bam, seit 200 Jahren eine Geisterstadt

geformte und ungebrannte Tonfiguren fand; augenscheinlich waren sie absichtlich zerbrochen worden. Aus welchem Grund? Als man Spuren eines großen Brandes entdeckte und sogar das Skelett eines Mannes, der vom Feuer in einem Raum eingeschlossen worden war und noch ein Werkzeug in der Hand hielt, nahm man den Brand als Ursache für den Untergang von Shar-e-Sukhten an. Einst lag hier ein bedeutendes Zentrum zur Herstellung von Gegenständen aus Sandstein, Lapislazuli und Alabaster. Das 16 Quadratkilometer große Grabungsgebiet ist heute noch mit Scherben übersät. Erst kürzlich fanden die Archäologen den wahren Grund für den Untergang der Siedlung heraus: Ein Großfeuer war es nicht, vielmehr hatte der nahe Fluß seinen Lauf um 90 Grad geändert; Shar-e-Sukhten ist nicht verbrannt, sondern vertrocknet!

Außer den geheimnisvollen Geschichten über Bam und Shar-e-Sukhten gibt es im Iran noch ein weiteres archäologisches Rätsel: Firuzabad, in der Provinz Fars gelegen, scheint – vom Boden aus betrachtet – kunsthistorisch unbedeutend zu

---

Das kreisrunde, nach den Regeln der Geomantie erbaute Firuzabad in der Provinz Fars

Morgenlandfahrt

sein. Nur spärliche Überreste einer Stadt aus dem 3. Jahrhundert n.Chr. blieben erhalten. Aus der Luft erkennt man allerdings, daß sich ihre Ruinen zu einem kreisrunden Gebilde zusammenfügen. Alle Wege verlaufen vom Mittelpunkt des Kreises aus, wie die Speichen eines Rades. Im Iran kennt man nichts Vergleichbares. Nur aus anderen Ländern sind ähnliche, spirituell beeinflußte Städtebaukonzepte bekannt, und eine ganze Wissenschaft, die Geomantik, beschäftigt sich damit. Die Anlage erinnert an ein tibetisches *Mandala*, ein mystisches Koordinatensystem, in dem sich der Mikrokosmos Stadt mit dem Makrokosmos des Universums verbindet, das Irdische ein versteinertes Abbild des Himmlischen ist.

Als wir den Iran in Richtung Pakistan verlassen, spielt sich an dem sonst nicht weiter erwähnenswerten Grenzort eine Szene ab, die auch auf die Grenzsoldaten beider Länder Eindruck macht: Da stehen sich zehn gestandene Männer gegenüber, Perser und Deutsche, und alle haben beim Abschied Tränen in den Augen. Bei den persischen Fahrern werden daraus sogar Sturzbäche. Sie übergeben uns kleine Geschenke für die Kinder zu Hause. Wir tätscheln uns nach orientalischer Art zärtlich die Bäuche und drücken uns herzlich. Tatsächlich ist in der langen Zeit, die wir miteinander verbrachten, über die Probleme des Alltags hinweg so etwas wie Freundschaft zwischen uns entstanden.

Obwohl man in 40 Tagen »Morgenlandfahrt« doch das eine oder andere von zu Hause vermißt und obwohl uns der Herbst bei der Rückkehr nach Deutschland sogar noch ein paar warme Tage schenkte, glaubte ich zumindest gefühlsmäßig in einen Kühlschrank zurückzukehren, nach all der erlebten orientalischen Herzlichkeit.

Ein Land zu ächten oder zu isolieren hat noch nie Sinn gemacht. Und das Wichtigste: Ein Land besteht in aller Regel aus Menschen, nicht aus politischen Feindbildern oder religiösen Klischees.

Anhang

Literaturverzeichnis

Karawane nach Petra

BROWNING, IAIN: Petra, London 1989

BRÜNNOW, RUDOLF-ERNST/VON DOMASZEWSKI, ALFRED: Die Provincia Arabia, Straßburg 1904–09

BURCKHARDT, JOHN LEWIS (= Johann Ludwig): Travels in Syria and the Holy Land, London 1822

BUTLER, HOWARD CROSBY: Publications of an American Archaeological Expedition to Syria in 1904–05 and 1909, Leyden 1930–1949

EUTING, JULIUS: Sinaitische Inschriften, Berlin 1891

EUTING, JULIUS: Nabatäische Inschriften aus Arabien, Berlin 1895

GORYS, ERHARD: Das Heilige Land, DuMont Kunst-Reiseführer, Köln 1984

HEALEY, JOHN F.: The Nabataean Tomb Inscriptions of Madai'n Salih; in: Journal of Semitic Studies, Supplement 1, Oxford 1993

JAUSSEN, ANTOINE/SAVIGNAC, RAPHAEL: Mission archéologique en Arabie, 3 parts et Atlas, Paris 1909–1922

LINDNER, MANFRED: Petra und das Königreich der Nabatäer, München 1989

LINDNER, MANFRED: Petra – Neue Ausgrabungen und Entdeckungen, München 1989

MCKENZIE, JUDITH: The Architecture of Petra; in: British Academy Monographs in Archaeology No.1, Oxford 1990

NEGEV, AVRAHAM: Die Nabatäer; in: Antike Welt, Zeitschrift für Archäologie und Kulturgeschichte (Sondernummer), Feldmeilen/Schweiz 1976

NEGEV, AVRAHAM: Tempel, Kirchen und Zisternen, Stuttgart 1983

ODENTHAL, JOHANNES: Syrien, DuMont Kunst-Reiseführer, Köln 1994

PRAUSE, GERHARD: Herodes der Große, Stuttgart 1990

SCHMITT-KORTE, KARL: Die Nabatäer – Spuren einer arabischen Kultur der Antike; Veröffentlichungen der Deutsch-Jordanischen Gesellschaft, Hannover 1976

SCHMITT-KORTE, KARL: An Early Christian Record of the Nabataeans: The Maslam Inscription; in: ARAM Journal, Vol. 2, Oxford 1989

SCHECK, FRANK R.: Jordanien, DuMont Kunst-Reiseführer, Köln 1994
STRELOCKE, HANS: Ägypten, DuMont Kunst-Reiseführer, Köln 1979
STUCKY, ROLF A.: Petra und die Weihrauchstraße; Ausstellungskatalog, Basel 1993

König Salomos Goldland

AXELSON, ERIC: The Portuguese in South-East Africa, 1488–1600, Johannesburg 1973
AXELSON, ERIC: The Portuguese in South-East Africa 1600–1700, Johannesburg 1960
BABING, ALFRED/BRÄUER, HANS-DIETER: Wo die Sonne wohnt, Berlin 1985
BACON, EDWARD: Versunkene Kulturen, München 1963
BAINES, THOMAS: The Northern Goldfields Diaries, hrsg. v. J.P.R. Wallis, London 1946
BAXTER, T.W./TURNER, R.W.S.: Rhodesian Epic, Cape Town 1973
BEACH, N.B.: The Shona and Zimbabwe 900–1850, Gwelo 1980
BENT, THEODORE: The Ruined Cities of Mashonaland, London 1892
BERNHARD, F.O.: Karl Mauch. African Explorer, Cape Town 1971
BHILA, H.H.K.: Trade and Politics in a Shona Kingdom, London 1982
BOURDILLON, M.: The Shona Peoples, Gweru 1987
BURKE, E.E.: The Journals of Carl Mauch, Salisbury 1969
BÜTTNER, THEA: Geschichte Afrikas, Teil I, Berlin 1976
CATON-THOMPSON, GERTRUDE: The Zimbabwe Culture, Oxford 1931
CHIGWEDERE, A.: From Mutapa to Rhodes, London 1980
CHIGWEDERE, A.: The Karanga Empire, Harare 1986
DAPPER, OLFERT: Umständliche und Eigentliche Beschreibung von Africa Anno 1668, Neudruck Stuttgart 1964
DAVIDSON, BASIL: Old Africa Rediscovered, London 1959
ELLERT, H.: The Material Culture of Zimbabwe, Harare 1984
FROBENIUS, LEO: Erythräa. Die Länder und Zeiten des heiligen Königsmordes, Zürich 1930
GARLAKE, PETER S.: Simbabwe. Goldland der Bibel oder Symbol afrikanischer Freiheit? Bergisch-Gladbach 1975
GARLAKE, PETER S.: Great Zimbabwe. Described and Explained, Harare 1985
GLASER, E.: Punt und die südarabischen Reiche, Berlin 1899
HALL, RICHARD NICKLIN: Great Zimbabwe (Mashonaland, Rhodesia).

An Account of Two Years Examination Work in 1902–1904, London 1905

HALL, RICHARD NICKLIN: Prehistoric Rhodesia, London 1909

HERRMANN, PAUL: Sieben vorbei und acht verweht. Das Abenteuer der frühen Entdeckungen, Hamburg 1952

HUFFMAN, THOMAS NEIL: Symbols in Stone. Unravelling the Mystery of Great Zimbabwe, Johannesburg 1987

KAMMERER-GROTHAUS, HELKE (HRSG.): 10 Jahre Zimbabwe, Bremen 1990

LAN, D.: Gun and Rain. Guerilla and Spirit Mediums in Zimbabwe, London 1985

LIVINGSTONE, DAVID: Zum Sambesi quer durchs südliche Afrika 1849–1856, Tübingen 1980

LOVEDAY, ARTHUR F.: Three Stages of History in Rhodesia, Cape Town 1960

MACMILLAN, A.: Monuments of the Past. Prehistoric People, the Ancient Gold Seekers and the Romance and Mystery of the Zimbabwe Ruins, Bulawayo 1936

MAGER, ENGELBERT: Karl Mauch, Stuttgart 1889

MARY, GEO T.: Im schwarzen Erdteil, Tübingen 1978

MATHERS, EDWARD PETER: Zambesia. Englands Eldorado in Africa, London 1891

MATENGA, EDWARD: Archaeological Figurines from Zimbabwe, Uppsala 1993

MAUCH, CARL: Reisen im Inneren von Süd-Afrika. Petermanns Geographische Mitteilungen 16, Gotha 1870

MAUCH, CARL: Entdeckung der Ruinen von Zimbabwe. Petermanns Geographische Mitteilungen 18, Gotha 1872

MAUCH, CARL: Carl Mauchs Reisen im Inneren von Süd-Afrika 1865–1872. Petermanns Geographische Mitteilungen, Ergänzungsheft 37, Gotha 1874

MERENSKY, ALEXANDER: Bericht über die von Herrn Posselt unternommene Reise nach Simbabye. Petermanns Geographische Mitteilungen 36, Gotha 1890

MERENSKY, ALEXANDER: Erinnerungen aus dem Missionsleben in Transvaal 1859–1882, Berlin 1899

MOLITOR, STEPHAN: Ein Schwabe im Goldland Ophir? Ausstellungsverzeichnis, Stuttgart 1991

MUDENGE, G.: History of Munhumutapa, Harare 1983

MULLER, HENDRIK P.N.: Land und Leute zwischen Zambesi und Limpopo, Gießen 1896
NEEDHAM, D.E., MASHINGAIDZE, E.K. UND BHEBE, N.: From Iron Age to Independance, Harare 1984
OFFE, HANS: Carl Mauch, Stuttgart 1937
PAVER, B.G.: Simbabwe, Stuttgart 1959
PETERS, CARL: Im Goldland des Altertums, München 1902
PHILLIPSON, D.W.: The Later Prehistory of Eastern and Southern Africa, London 1977
PINKERTON, P.: A General Collection of the Best and Most Interesting Voyages and Travels, Vol. 16, London 1814
RANDALL-MACIVER, DAVID: Mediaeval Rhodesia, London 1906
RANDLES, W.G.L.: South East Africa and the Empire of Monomotapa on Selected Printed Maps of the 16th Century, Lissabon 1958
RANDLES, W.G.L.: The Empire of Monomotapa, Gweru 1981
SAIDA, WOLFGANG: 150 Jahre Karl Mauch, Ausstellungskatalog, Kernen 1987
SCHIFFERS, HEINRICH: Afrika. Das Bild des dunklen Erdteils, als die Weißen kamen, München 1980
SCHMIDT, BETTINA: Zimbabwe. Die Entstehung einer Nation, Saarbrücken 1991
SCHNABEL, F.: Texte und Karten des Ptolemäus, Leipzig 1938
SIMONS, PETER: Entdeckungsreisen in Afrika, Braunschweig 1984
SOMMERLATTE, HERBERT W.A.: Gold und Ruinen in Zimbabwe. Aus den Tagebüchern und Briefen des Schwaben Karl Mauch (1837–1875), Gütersloh 1987
STIER, H.C.G. (HRSG.): Vlämisches Tagebuch über Vasco da Gamas zweite Reise 1502–1503, Braunschweig 1880
A. STÖSSEL UND C. TREBBIN (HRSG.): 5000 Jahre Gold und Keramik aus Afrika, Köln 1989
SUMMERS, ROGER F.H.: Ancient Ruins and Vanished Civilisations of Southern Africa, Cape Town 1971
DE WAAL, D.C.: With Rhodes in Mashonaland, London 1896
WIESCHOFF, HEINRICH ALBERT: The Zimbabwe-Monomotapa Culture in South-East Africa, Menasha (Wisc.) 1941

Morgenlandfahrt

ANDERSEN, JÜRGEN/IVERSEN, VOLQUARD: Orientalische Reise-Beschreibungen. In der Bearbeitung von Adam Olearius, Schleswig 1669, Hrsg. v. Dieter Lohmeier, Tübingen 1980
BORCHARDT, HEIDE: Alexander – König von Asien, Köln 1991
FORKL, HERMANN: Die Gärten des Islam, Stuttgart 1993
FREMBGEN, JÜRGEN: Derwische – Gelebter Sufismus, Köln 1993
GOETHE, JOHANN WOLFGANG VON: West-östlicher Diwan, Hrsg. v. H.J. Weitz, Frankfurt 1974
GROPP, GERD: Zarathustra und die Mithras-Mysterien, Bremen 1993
HAFIZ: Liebesgedichte. Übertragen von Cyrus Atabay, Frankfurt 1980
HAHN, HEINZ: Der schiitische Islam, München 1994
HOURANI, ALBERT: Der Islam im europäischen Denken, Frankfurt 1994
IMHOFF, CHRISTOPH VON: Iran, Persien, Heroldsberg 1977
KOCH, HEIDEMARIE: »Es kündigt Dareios der König ...«, Vom Leben im Persischen Großreich, Mainz 1992
MATTHESON, SYLVIA: Persien – ein archäologischer Führer, Stuttgart 1980
OLEARIUS, ADAM: Moskowitische und Persische Reise. Die Holsteinische Gesandtschaft beim Schah 1633–1639. Hrsg. v. Detlev Haberland, Stuttgart 1986
PLUTARCH: Alexander – Cesar, Stuttgart 1980
SA'ADI: Der Rosengarten, Leipzig/Weimar 1982
SCHIMMEL, ANNEMARIE: Gärten der Erkenntnis, Köln 1985
SCHIMMEL, ANNEMARIE: Mystische Dimensionen des Islam, Köln 1985
SCHIMMEL, ANNEMARIE: Der Islam: eine Einführung, Stuttgart 1991
SCHLEI, ERNST: Der Gottorfer Globus Herzog Friedrichs I, Heide 1991
STARK, FREYA: Im Tal der Mörder. Eine verbotene Reise in das geheimnisvolle Persien, München 1993
TRÜMPELMANN, LEO: Persepolis. Ein Weltwunder der Antike, Mainz 1988
TRÜMPELMANN, LEO: Zwischen Persepolis und Firuzabad: Gräber, Paläste und Felsreliefs im alten Persien, Mainz 1992
TWEEDIE, IRINA: Der Weg durchs Feuer, Interlaken 1984
WIESEHÖFER, JOSEF: Das antike Persien, München 1994

Über die Autoren

Hajo Bergmann:
Jahrgang 1956. Seemann auf der Gorch Fock und anderen Segelschiffen, Studium der Geschichte und Germanistik in Frankfurt/Main, Lehrer im Rheingau, seit 1982 freier Autor und Regisseur: Neben zahllosen Magazinbeiträgen über 20 Dokumentarfilme zum großen Teil aus Asien. (Filmpreise: Förderpreis der Duisburger Filmtage, 1. Preis der Friedberger Filmtage und Prädikat »besonders wertvoll« für den Film »Die ewigen Schwestern«.) »Morgenlandfahrt« ist sein sechster Beitrag für die Reihe TERRA-X.

Dieter Großherr:
Jahrgang 1929. Studium der Geschichte und Zeitungswissenschaft. Von 1963 bis 1992 Redakteur beim ZDF und Afrika-Korrespondent in Nairobi. Autor und Regisseur von 17 Dokumentarfilmen über den Schwarzen Kontinent.

Dr. Gottfried Kirchner:
Jahrgang 1940. Studium der Germanistik, Kunstgeschichte und Archäologie. Dozent an der Universität Mainz, seit 1971 beim ZDF. Zahlreiche Filme über kunst- und kulturhistorische Themen. 1977 und 1978 Journalistenpreis des Deutschen Nationalkomitees für Denkmalschutz. Konzipierte 1981 die Fernsehserie TERRA-X, von der bisher 49 Folgen erschienen sind. Seine sechs TERRA-X-Bücher wurden Bestseller und ins Griechische, Spanische, Niederländische und Rumänische übersetzt.

Helga Lippert:
Jahrgang 1948. Studium der Germanistik, evangelischen Theologie und Publizistik. Seit 1973 beim ZDF, zunächst Redakteurin im ›heute journal‹, seit 1992 in der Hauptabteilung Kultur. »Karawane nach Petra« ist ihr sechster Beitrag für die Reihe TERRA-X.

Bildnachweis

D. Großherr, Thyrnau: S. 82/83, 95, 97, 99, 111, 115, 122, 127, 135, 139, 149
Hauptstaatsarchiv, Stuttgart: S. 85, 89
Nationalarchiv Zimbabwe: S. 86, 90, 103
K. Schmitt-Korte, Offenbach: S. 8/9, 12, 15, 20 rechts und links, 23, 34, 38/39, 44, 51, 58, 65, 73, 79, 80
R. Starke, Taunusstein: S. 152/153, 158, 165, 167, 170, 173, 175, 182, 187, 201, 203, 207, 208, 215, 216
alle Karten: Design-Studio Fleischer, München

Register

»11. Sendschrift der Deutschen Orient-Gesellschaft« 192

A'isa 186
Abbas I., der Große (Schah) 164, 182
Abraham 18f., 179
Abu Bakr (Kalif) 180
Abu Simbel 16f.
Abu Talib 178
Achämeniden, achämenidisch 198, 200, 205
ACTIA DUSARIA 50
Actium, Schlacht von 32
Aelius Gallus 42f.
Aemilius Scaurus 41f.
Afghanistan 199
African Association 10, 16
Afura (Berg) 110
Aga Mohamed 213
Ägypten, Ägypter 11, 13, 16f., 26, 29, 31f., 35ff., 41f., 200
Ahura Mazda (zarastr. Gott) 191, 194, 199
Ajatollah 178, 186
Akaba, Golf von 11
akkadisch 199
»al gamal« 24f.
»al ghazwa« 19
Al-Uzza (nabat. Göttin) 76
Alamut (Assassinenburg) 168, 170
Albasini (Elefantenjäger) 93
Albaz-Gebirge 172
Aleppo (Syrien) 10f.

Alexander der Große 35f., 54, 198, 202ff.
Alexandria 26
Ali (Fahrer) 166
Ali 165, 180, 183
Allat (nabat. Göttin) 76
Aloë 27
»Alter Mann vom Berge« 168
an-Nadschaf 187
Ananias 49
Anatolien 199
Antigoniden 35
Antigonos Monophtalmos 36
Antiochia 10, 26
Antipas 45
Antipatros 44f.
Anzali 171
Apanada (Persepolis) 199
Aphrodite 76
APO 154
Araber, Arabien 13ff., 88, 114ff.
ARABIA ADQUISITA 48
»ARABIA DESERTA« (Doughty) 64
»Arabia Eudaemon« 21, 25, 43
»Arabia Petraea« 13, 21, 37, 40, 47, 49
Aramäisch 35f., 55
Ararat 172
Aretas I., Philhellenos, (nabat. König) 38f.
Aretas III. (nabat. König) 41f., 48
Aretas IV. (nabat. König) 40, 43, 45f., 49, 54, 56, 65
Aristobolus 41
Armenien, Armenier 172f.

Aserbeidschan 168, 190
Asphalt s. Naturasphalt
Asphaltsee (Totes Meer) 31
Assassinen 170
Assyrer, Assyrien 199
»Assyrische Gräber« s. »Zinnengräber«
Athene 76
Äthiopien 109, 200
Augustus (röm. Kaiser) 32, 40, 42, 44, 46
Avdat (Negev) s. Oboda
»Avesta« s. »Gathas des Avesta«
Axuma 91

»Bab el Nasr« (Stadttor) 17
Babylon, Babylonier 31, 35, 45, 195, 199
Balosse s. Malosse
Balsam 26f.
Bam (Iran) 213ff.
Bantu 114f.
Banya-Mwetsi (Dynastie des Mondes) 148f.
Barros, João de 91
Barth, Heinrich 84
Bebereke 102, 104
Beduinen 19, 39f., 50, 53ff. 57, 61, 67, 72f., 78ff.
Beersheva 34
Belutschistan 211, 214
Bent, Theodore 123
»Betyle« (Obelisken) 76
Bika (Häuptling) 94f.
Bikas Kraal 95f., 98, 104, 139, 143
Bitumen 30f.
»Bitumen Judaicum« (Judenpech) 30f.
Bliss (Archäologe) 57

»Blockgräber« 60
»Bogengräber« 62
Bombay 191
Bosra s. Bostra
Bostra (Syrien) 41, 47, 49ff.
Botsabelo 87
»Britische Südafrika-Gesellschaft« 108
Browing, Iain 59
Brüggemann, Otto 156ff., 162f.
Bulawayo 119, 123, 146
»Bunter Saal« (Petra) 79
Burckhardt, Johann Ludwig 10f., 13ff., 81
Buren 85, 87, 92f., 108
Büttner, Thea 134

Caesar 44
»CARMEN VOM SCHIFFBRUCH« (Fleming) 161
Caton-Thomson, Gertrude 111
Cedernholz s. Zedernholz
Chigaramboni-Berg 94
Chikwenya Camp (Zimbabwe) 142
China 25
Chinamano, Josiah 145
Chinamano, Ruth 145, 147
Christogramm 74
Codex Hammurabi 207
Cordes, Michael 161
Crusius, Philip 156, 157

Dalman, Gustaf 57
Damaskus 26, 39, 41, 48f., 180
Dande-Gebiet 137
Darius der Große (pers. König) 198f.
Darius III. (pers. König) 202ff.
David (jüd. König) 34

Defoe, Daniel 11
Demetrios Poliorketes 36f.
»DER SCHIITISCHE ISLAM« (Khomeini) 186
Derwisch 165, 211
Diadochen 35f.
»DIE ISLAMISCHE REGIERUNG« (Khomeini) 188
»Die Schwarze Kirche« s. Kara-Kilse
Diodorus Siculus 18ff., 30, 32, 36, 40
Doughty, Charles M. 64
Drakensberge 92, 141
Dromedar 21ff.
Duschara (nabat. Gott) 50, 62, 75ff.
»Dynastie des Mondes« (Banya-Mwetsi) 148f.
Dyonisos 76

Ebert, Stefan 143
Edomiter (Idumäer) 32, 52
»El Khazne« (Schatzhaus des Pharao, Petra) 13ff., 55ff.
elamitisch 199, 206
Elburs-Gebirge 167f., 170
Eldjin (Jordanien) s. Wadi Musa
Elfenbein 200
Elusa (Khaluza, Negev) 69
»ENTHÜLLUNG DER GEHEIMNISSE« (Khomeini) 187
Ephedra-Pflanze 196
Erdmann, Kurt 192
Erdöl 30
Erdpech s. Bitumen
Erntedankfest der Rozwi 112
Euting, Julius 64
Evenari (Professor) 71
Ez Zantur (Petra) 66

Fars 208, 216
Farsi 172
Fatima al Masume 178
Felsentempel ed-Deir (Kloster) 60
Fetiye 178
Firuzabad (Iran) 216
Flavius Josephus 18, 29, 32
Fleming, Paul 156, 161, 164, 166
Fort Victoria (Rhodesien) s. Masvingo
Friedrich III. von Schleswig-Holstein, (Herzog) 156, 158, 160f.
Frobenius, Leo 112, 151

Gabriel 178
Garlake, Peter 113, 120, 124
»Gathas des Avesta« 192, 194, 196
Gayre, Lord 113
Gaza 26, 38, 41, 68, 71, 77
Gerondondo (Zimbabwe) 105
»GESCHICHTE AFRIKAS« (Büttner) 134
»Glückliches Arabien« s. Arabia Eudaemon
Goethe, Johann Wolfgang von 154, 159, 162, 165, 174ff., 190, 195f.
Gottorf s. Schleswig-Holstein-Gottorf
»Grab des Generals« (Hegra, Saudi-Arabien) 65
Gralsburg 191
Griechen, -land 35ff., 54, 67, 74
Groote-Schuur-Haus 121
Groß-Zimbabwe 97ff., 114ff. s. a. Zimbabwe
Grützner (Missionar) 100
»Gullistan« s. »Rosengarten«

Anhang

*H*aberland, Detlef 160
Hadramautgebirge 29
Hafiz 155, 173ff. s. Mohammad, Chaje Shams-ed-din 186, 188
Halabja 174
Hall, Richard N. 110, 123
Hâmam 210
Hammer-Purgstall, Joseph von 159
Hammond, Philipp 66
Handelsmonopol 26, 33
»Haoma«-Ritual 193, 196
Haoma-Pflanze 196
Harare (Salisbury) 108, 119, 145
Hartley, Henry 86
Hartley, Oberst 113
Hartmann Robert 109
Hasmonäer 37
Hassan (Imam) 183
Hassan ben Sabbah 168
Hauran (Syrien) 41, 43, 48ff., 53
»Haus der Großfrau« (Zimbabwe) s. »Mumbahuru«
Hebron 34
Hebron (Winsorton) 93
Hedschas 34, 41
Hegra (el-Hijr, Saudi-Arabien) 21, 26, 41f., 63, 64f.
Herodes der Große (jüd. König) 32f., 40, 43ff.
Herodias 45
Herodot 190
»Herr der Weisheit« s. Ahura Mazda
Herzfeld, Erich 198
Herzog-August-Bibliothek 160
Hieronymus (Kirchenvater) 31
Hira (Berg) 178
Hiram (phön. König) 88

Hoffmann, Uwe 143
Hoffmeyer, Eckart 143
»Hörnerkapitelle« 60
Hossein (Imam) 183
Hülegu Khan 170
Hydrotechnik 53
Hyrkanos 41

Idumäer (Edomiter) 34, 43ff.
»IM GOLDLAND DES ALTERTUMS« (Peters) 109
Imam 178, 183, 187
»Imam, der Zwölfte« s. »Mahdi«
Indien 191, 200
Induskultur 215
Irak 155, 166, 172, 174, 180
Iran, Iraner 155, 166, 170ff., 174, 180ff., 186ff., 191, 197f., 216f.
Isfahan (Iran) 156, 157, 163ff., 182, 191
Isis 76
Islam 155, 178, 181, 196
Israel, Israelis 17, 34, 41, 68, 70ff.
Issos, Schlacht von 202

*J*akobus, Apostel 172
Jason 38
Jemen 25
Jericho (Palästina) 27, 32
Jerusalem 34, 41, 45ff, 78, 88
Jesus von Nazareth 29, 40, 179f.
Johannes der Täufer 45
Jordanien 81
Juda 34
Judäa 43f.
JUDAEA CAPTA 47
Judas Makkabäus 37
Juden 35, 37, 46f., 195, 197
Judenpech s. Naturasphalt

Kadscharen 213
Kairo 10, 15ff., 108
Kalahari-Wüste 134
Kamel 21ff.
»Kamelritt« 24
»Kara-Kilse« (Schwarze Kirche) 170, 172, 190
Kariba 142
Karneol 199
Kaschmir 180
»Kasr el Bint Faroun« (Schloß der Tochter Pharaos, Petra) 14, 77, 79
Katharinenkloster (Sinai) 16
Kathedrale s. »Urnengrab«
Kavi Vischtaspa (altiran. Herrscher) 194
Kerbala (Irak) 180
Kerman (Iran) 191, 210f.
Kerstingjohänner, Ute 143
Khadiga 178
Khomeini (Ajatollah) 155, 186ff.
Kimberley (Südafrika) 93
»Kindermord von Bethlehem« 45
Kleopatra 32ff.
Könige aus dem Morgenland 29
»Königspfalz« 59
Konstantin der Große 73
Koran 156, 189
»Korinthisches Grab« 59
Krefter, Friedrich 199, 204
Krösus (lyd. König) 195
Kurdistan, Kurden 168, 170, 172ff.
Kyros (pers. König) 35, 195

Lapislazuli 199
Leuke Kome 42

Libanon 104, 199
Libyen 35
Limpopo-Fluß 87, 92ff., 108, 134, 140
Lipsius, Justus 160
Livingstone (Zambia) 138
Livingstone, David 84, 138f.
Lut (Wüste) 210f.
Luther, Martin 156
Lydenburg 92

Magaliesberge (Transvaal) 86
Magid 166, 170
Mahan (Iran) 211, 213
»Mahdi« 183
Mahmoody, Betty 154
Makalakas (Kalanga) 105
Makedonien 35, 202, 206
Mali (Mambo) 105
Malichus I. (nabat. König) 32f.
Malichus II. (nabat. König) 47
Malosse (Balosue) 101, 105
Malotse (Barotse) 100
Mampsis (Mamshit, Negev) 68ff.
Mana Pools (Zimbabwe) 142
Mapansule (Zimbabwe) 95
Marco Polo 168, 210
Marcus Antonius 32
Marib (Festung) 43, 53
Masada 45ff.
Mashad 177f.
Mashonaland 124
Maslam 74
Masvingo (Fort Victoria, Zimbabwe) 95, 113
Matabele 102, 105
Matabeleland 87, 146, 147
»Matapa« 101, 102
Mattheson, Sylvia A. 200, 215

Mauch, Carl 84ff., 92ff., 109ff., 119, 123ff., 138ff.
May, Karl 211
Medain Salih (Saudi-Arabien) s. Hegra
»Mediaeval Rhodesia« (Randall-MacIver) 110
Medina (Saudi-Arabien) 16, 63
Mekka (Saudi-Arabien) 16, 26f., 77f., 179
Mekkabalsam s. Balsam
Merensky, Alexander 87, 92, 98, 101, 114
»Mhondoro« (Zimbab. Ahnengeister) 148
Michail Fjodorowitsch (Zar) 160
»Mittheilungen aus Justus Perthes' Geographischer Anstalt über wichtige neue Erforschungen auf dem Gesamgebiete der Geographie von Dr. A. Petermann« s. »Petermanns Geogr. Mittheilungen«
Mohammad, Chaje Shams-ed-din s. *Hafiz*
Mohammed s. Muhammad
Mono Motapa s. Mwene Mutapa
Mosambik 88, 92, 134
Moses 210
Mosi-wa-Tunya 138
Moskau 160
Motho, Schlacht von 48f.
Mugabe (Häuptling) 121
Mugabe, Robert 146f.
Muhammad 178ff., 186, 210
Mujahedin 211
Mullah (Molla) 165
Mullahs 177f., 186
»Mumbahuru« (Haus der Großfrau) 132

»Mumia vera Aegyptica« 32
Mumien 31
Munjeri, Dawson 114f.
Murenga 149
Musâ al-Kâzim, Imam 187
Musa s. Moses
»Mwene Mutapa« (Zimbab. Herrscher) 90f., 135, 137, 148
Myrrhe, -baum 26ff.

Nabaitai 19
Nabatäer, -reich 17ff., 27ff., 32ff., 38, 40ff., 44f., 47f., 50, 52ff., 61f., 64, 66ff., 70, 72ff., 76, 78f., 81
Nabatäisch 46
Nabatu (Nabatäer) 18f.
Najaf (Irak) 180
Natal 84
Naturalist 85
Naturasphalt 26, 29ff.
Naumann (Archäologe) 190
Ndebele 87, 109, 146
Nebajot (Enkel Abrahams) 18f.
Nebukadnezar 34
Negev, (-Wüste) 41, 47, 53, 68ff., 72f.
Negev, Avraham 56, 65, 69, 72
Nemangwe 101
Nematollah Vali (Schah) 211, 213
Nessana (Nizzana) 68
»Neue Moskowitische und Persianische Reisebeschreibung« (Olearius) 158, 160, 165
Nibaati 19
»Nicht ohne meine Tochter« (Mahmoody) 154
Niger 10, 84
Nkomo, Joshua 146, 147

»Obeliskengrab« 60

Oboda (Avdat) 60, 68, 71f.
Obodas III. (nabat. König) 42f., 60, 62f.
Öhlschlegel, Adam s. *Olearius, Adam*
Oktavian s. *Augustus*
Olearius, Adam 157ff., 185, 189, 192f., 211
Oman 25
Ophir 84, 87, 92, 101, 108, 110

Pakistan 217
»Palastgrab« (Petra) 59
Palästina 34f., 37, 70
Parsen 191, 195
Parther 45
Parzival-Sage 191
Paulus 49
Persepolis 154, 197ff.
»PERSEPOLIS – WELTWUNDER DER ANTIKE« (Trümpelmann) 204
Persien, Perser 35, 155, 162ff., 168, 172f., 184, 190ff., 197f., 202, 211, 213
Persienexpedition, Schleswig-Holsteinische 156ff.
Perthes, Justus 87, 100f.
Petermann, August 87
»Petermanns Geographische Mittheilungen« 101, 140
Peters, Carl 109, 112
Petra 13ff., 26, 33ff., 39, 41ff, 48, 50ff, 55, 57, 59ff., 66ff., 70, 74ff., 78ff.
Philipp II. (makedon. König) 206
Philipp II. (syr. König) 48
Philippus 45
Phönizier 104
Plinius d. Ältere 30
Plutarch 202f., 206f.

Pompejus 41
Posselt, Hermann 121, 123
Posselt, Wilhelm 121, 123
Potchefstroom (Transvaal) 85, 87, 92f.
Provincia Arabia 60
Ptolemäus (Griech. Geograph) 88, 91
Ptolemäus , Ptolemäer 35ff.
Pydna, Schlacht von 35

Qom 175, 177f., 180, 185ff.
Quasquai-Nomaden 172, 208
»Quelimane« 140

Rabel II. (nabat. König) 47
Rafsandjani , Ali Akbar Hashemi (Iran. Ministerpräsident) 214
»rakmu« 51
Randall-MacIver, David 110f.
Rehoboth (Rehovot ba-Negev) 68
»Reisen in Syrien und dem Heiligen Land« (Burckhardt) 15
Render, Adam 94ff., 138f., 143
Reval 161
Reza (Imam) 178, 180
Rezâ Pahlavî (Schah) 187
Rhodes, Cecil 108, 121
Rhodesien 108f., 112f., 144, 146
s. a. Zimbabwe
Riga 160
Ringgren (Archäologe) 191
»ROBINSON CRUSOE« (Defoe) 11
röm Kirche 27
Röm.Reich, Römer 29, 32f, 35, 41ff., 44ff., 68, 76
»ROSENGARTEN« (Sheik Saadi) 159, 166
Roxane (baktr. Prinzessin) 207

Rozwi 94, 112, 134, 137
Rubi'a (Mystikerin) 186
Rückert, Friedrich 159
Rushdie, Salman 188

Saadi (Sheik) 159, 166, 176
Saba 26
Saba, Königin von 88, 91, 104, 109f., 113f.,
Sabäer 109
Sabi-Fluß 118, 129
Salih (Prophet) 64
Salisbury (Rhodesien) s. Harare
Salome (Schwester des Herodes) 43
Salomo (jüd. König) 86ff.
– Tempel des 45
– Thron des 191
Salomon 34
Salzmeer (Totes Meer) 31
Samarra 180, 183
Sambesi-Fluß 87, 92, 108, 134, 137ff., 142, 144
San 116
Santos, João dos 91
Saponit s. Speckstein
»SATANISCHE VERSE« (Rushdie) 188
Saulus s. *Paulus*
SAVAK 154
Scaurus s. *Aemilius Scaurus*
Schah 154, 156, 162, 164f., 211
Schamasch 207
»Schatzhaus des Pharao« (Petra) s. El Khazne
Schera-Berge 13
Schiiten 178, 181
Schimmel, Dr. Annemarie 155, 180, 186, 212

Schleswig-Holstein-Gottorf 156ff., 166, 189
»Schloß der Tochter Pharaos« (Petra) s. »Kasr el Bint Faroun«
Schmidt, Bettina 109
Schmidt, Erich F. 198
Schmitt-Korte, Karl 62, 74
Schneider, Erik 143
Schwefelwasserstoff 30
Seeia 41
Seetzen, Ulrich Jasper 31
Sefi (Schah) 164f.
Seleukos, Seleukiden 35, 37
Selous, Frederick 108
Semiran (Assassinenburg) 167f., 170
Senna 139, 142
Sextus Florentinus 60
Shar-e-Sukhten (Iran) 214, 216
Sheik Saadi s. *Saadi*
»Sheikh Ibrahim Ibn Abdullah« s. *Burckhardt, Johann Ludwig*
Shera-Berge (Jordanien) 41, 76
Shiraz (Iran) 173, 175f., 197f.
Shivta s. Sobata
Shona 91, 109, 111f., 115f., 120f., 134, 149f.
Shona-Kalanga 93f., 100, 132, 137
Shona-Religion 125
Sinai, -Halbinsel 11, 26, 41
Siq (Petra) 14f., 52f., 56f., 60
Smith, Ian (rhodes. Ministerpräsident) 144
Sobata (Shivta, Israel/Negev) 68, 72f.
Sofala 88ff., 109, 116, 118, 120
Sogdiana (Usbekistan) 199
Speckstein 121, 124f.
Srinagar 180

Stadler 163f.
Stark, Freya 168
Stein, Sir Aurel 214
»Steiniges Arabien« s. »Arabia Petraea«
Strabo 18, 30, 39f, 42
Stucky, Rolf A. 66f.
Sturzwasser-Landwirtschaft 71
Suaheli-Leute 88, 129, 149
Südarabien 25ff., 42f., 46, 53
»Suf« (Wolle) 212
Sufi, Sufismus 210f.
Suleiman (Sultan) 89
Sumerer 184
Sunniten 181
Susa (Susan) 199, 206f.
Sylläus (Großwesir) 42f., 46, 56
Syrien 35, 37, 41, 43

*T*akaona, Mathew 105, 144
»Takht-i-Suleyman« 187, 190f.
Tata 195
Taurus (Gebirge) 199
Teheran 167, 191
Tenga 102
»Terra Africa« 110
Thaddäus, hl. 172
Timur 174
Titus (röm. Kaiser) 46
Tosi, Dr. Maurizio 214
Totenfest, nabat. 78f.
Totentürme, zarastr. 192f.
Totes Meer 29, 31, 41, 46
Trachoniter 43, 46
Trajan (röm. Kaiser) 47
Transvaal 85, 87, 93
Travemünde 160, 161
Treppengräber 60
»Triclinium« (Petra) 78f.
Trümpelmann, Leo 204

Tschoga Zambil (Feuertempel) 206
»Turkmaniyeh-Grab« (Petra) 61
Turkmenistan 215
»Türme des Schweigens« 191, 192, 193

*U*mar (Kalif) 181
Umm el Biyara 37, 53
»Urnengrab« (Petra) 59, 75
Uthman (Kalif) 181

*V*aal-Fluß 93
Vasco da Gama 84, 89
Victoria (engl. Königin) 108
Victoria-Fälle 138f., 142
Victoria-Falls (Zimbabwe) 138
Vogelstelen (Zimbabwe) 121ff.
von der Osten (Archäologe) 190

»*W*adi Araba« (Jordanien) 18, 51
»Wadi Farasa« 78, 81
»Wadi Mukattab« (Sinai) 61, 74
»Wadi Musa« 11, 13, 52, 64
Wadi Ram 20
Wadi Rum 77
Weihrauch, -straße 25ff., 29, 38, 55, 78
Weihrauchland 43
Weitz, H. J. 174f.
»WEST-ÖSTLICHER DIWAN« (Goethe) 154, 159, 162, 174ff., 190, 196
Windtürme 210

*X*erxes (pers. König) 199, 205

*Y*azd (Iran) 191f.

Zagroz-Gebirge 172
Zambia 138, 139
»ZANU« (Afrikanische Nationalunion von Zimbabwe) 146
Zaphala s. Sofala
»ZAPU« (Afrikanische Volksunion) 147
Zarastrier, zarastrisch 191f., 194ff.
Zarathustra 154, 190ff. 194, 196f., 209
Zardosh (Zoroaster) s. *Zarathustra*
Zayadine, Fawzi 59
Zedernholz 103f., 192, 199
Zeloten 46
Zend-Dynastie, Khan der 213
Zeus 76
Zimbabwe (Ruinenstadt) 90ff. s.a. Groß-Zimbabwe
Zimbabwe (Republik) 114, 146ff.
»Zimbabwe Culture. Ruins and reactions« (Caton-Thompson) 111
Zimbabwe-Vögel 121ff.
Zimt 27
»Zinnengräber« (»Assyrische Gräber«) 60
Zoutpansberge 93
Zulu 105
Zypern 35

Knoff-hoff!

Joachim Bublath zeigt, wie Naturwissenschaft Spaß machen kann.

Das neue Knoff-hoff-Buch
Das Buch zur ZDF-Show
19/60

Das Knoff-hoff-Buch 3
19/394

100x Knoff-hoff
Die interessantesten Experimente, Tricks und Kunststücke
19/543

Im Hardcover:

100x Knoff-hoff
40/304

Knoff-hoff – Die neuen Experimente
40/356

19/543

Heyne-Taschenbücher

Mythologie der Völker

Herbert Gottschalk
Lexikon der Mythologie
19/266

Murry Hope
Magie und Mythologie der Kelten
Das rätselhafte Erbe einer Kultur
19/81

John und Caitlín Matthews
Lexikon der keltischen Mythologie
19/280

Jan Knappert
Lexikon der afrikanischen Mythologie
19/338

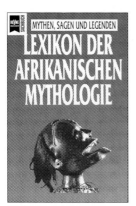

19/338

Heyne-Taschenbücher

Alles Wissenswerte über die Erde in einem Band

Übersichtlich, prägnant, umfassend.

Das »Faktenlexikon Erde« beantwortet alle Fragen zu Geographie und Geologie und enthält eine Fülle von Daten und Fakten zur Entstehung und Entwicklung unserer Erde.

Es erläutert komplexe Zusammenhänge und liefert wichtige Informationen zu Kontinenten, Ländern und Ökosystemen.

Reich illustriert mit Grafiken, Tabellen und Karten.

19/558

Heyne-Taschenbücher

Was Sie schon immer mal wissen wollten ...

Lexika von A bis Z

Jan Knappert
Lexikon der afrikanischen Mythologie
Mythen, Sagen und Legenden
19/338

Johannes Irmscher
Lexikon der Antike
5000 Stichwörter aus Geschichte, Kultur, Kunst, Mythologie und Wissenschaft
19/101

John u. Caitlin Matthews
Lexikon der keltischen Mythologie
Mythen, Sagen und Legenden
19/280

Kurt Pahlen
Das große Heyne Konzertlexikon
Das Standardwerk der Konzertliteratur
19/169

Günter Bartosch
Das Heyne Musical Lexikon
19/234

Herbert Gottschalk
Lexikon der Mythologie
»Das umfassende Nachschlagewerk«
19/266

David Cohen
Lexikon der Psychologie
19/5021

Alpers/Fuchs/Hahn/Jeschke
Lexikon der Science Fiction Literatur
»Eine wahre Fundgrube!«
19/111

W. Bauer/I. Dümotz/S. Golowin
Lexikon der Symbole
Mythen, Symbole und Zeichen in Kultur, Religion, Kunst und Alltag
19/43

Heyne-Taschenbücher

TERRA-X

*Expeditionen ins
Unbekannte*

Gottfried Kirchner
**Terra-X
Vulkane, Wüsten und Ruinen**
19/392

Gottfried Kirchner
**Terra-X
Schatzsucher, Ritter
und Vampire**
19/468

Im Hardcover:

Gottfried Kirchner (Hrsg.)
**Terra-X
Von Mallorca zum Ayers Rock**
40/354

19/468

Heyne-Taschenbücher